内容运营与变现全攻略

季夏 / 著

电子工业出版社
Publishing House of Electronics Industry
北京·BEIJING

内 容 简 介

随着数字经济蓬勃发展，得物凭借独特的社区文化和创新玩法，成了年轻人追求潮流生活的重要聚集地。内容创作者怎么才能在得物上快速变现？

本书就是从"快速变现"的角度出发，为内容创作者提供的一个详尽的指南。本书深入分析了得物的运营机制，包括如何利用其社交属性和潮流文化吸引并维护用户。本书不仅介绍了如何创作符合平台调性的图文和视频动态，还详细介绍了如何通过这些动态实现商业价值。无论是新手还是有经验的内容创作者，都能在本书中找到提高个人品牌影响力和实现收益增长的有效策略。

本书适合内容创作者阅读，旨在帮助他们在得物这个平台上实现高效运营和变现。

未经许可，不得以任何方式复制或抄袭本书之部分或全部内容。
版权所有，侵权必究。

图书在版编目（CIP）数据

玩转得物：内容运营与变现全攻略 / 季夏著.
北京：电子工业出版社，2024.9. -- ISBN 978-7-121-48582-4
Ⅰ. F713.365.2
中国国家版本馆CIP数据核字第2024EV9082号

责任编辑：石　悦
印　　刷：三河市君旺印务有限公司
装　　订：三河市君旺印务有限公司
出版发行：电子工业出版社
　　　　　北京市海淀区万寿路173信箱　　邮编：100036
开　　本：720×1000　1/16　印张：13.75　字数：224.4千字
版　　次：2024年9月第1版
印　　次：2024年9月第1次印刷
定　　价：69.00元

凡所购买电子工业出版社图书有缺损问题，请向购买书店调换。若书店售缺，请与本社发行部联系，联系及邮购电话：（010）88254888，88258888。
质量投诉请发邮件至zlts@phei.com.cn，盗版侵权举报请发邮件至dbqq@phei.com.cn。
本书咨询联系方式：faq@phei.com.cn。

前言

大家好，我是季夏，一个"95后"内容创作者（简称创作者），曾在4A广告公司从事内容运营的工作，为了增加收入，尝试运营过很多平台的账号，都收效甚微，但运营得物账号一周就有成效了。

与很多人一样，起初，我对得物的印象是，这是一个购物软件。在我的自媒体导师邓菇凉的推荐下，我开始运营得物账号。

不到一周，我发布的动态[①]就陆续出单了，虽然赚的钱不多，但给了我莫大的鼓励。就这样，在我连续一周日更后，我的粉丝数突破了100个，我成功地开通了商业合作权限。彼时得物还没有对达人等级进行详细的划分，也没有限制接单的次数，所以在开通商业合作权限的第一个月，我就接了30多个合作项目。

我第一次感受到了自媒体的魅力。然而，随着对得物了解的深入和运营经验的积累，我逐渐发现了一些问题和挑战。例如，如何能接更多的合作项目？如何提高带货佣金？如何优化动态的数据？随着达人等级制度的完善，如何保持竞争力和如何更好地与品牌方合作，也成了我需要思考和解决的新问题。

我开始注重动态的质量和创意，尝试从不同的角度和层面解读商品，挖掘其背后的故事和价值。在这个过程中，我深刻地体会到了得物的独特魅力和巨大的商业价值。为了将经验和心得分享给更多的人，我推出了自己的第一个知识付费商品——得物运营课程。我希望通过这门课程，帮助那些想在得物上发展的人少走弯路，更快地实现目标。

---

① 得物上所有对外展示的内容都可以统称为动态，会展示在个人主页上。

然而，在开设课程的过程中，我的授课内容几经修改，原因是得物在此期间进行了几次重要的改版。这几次改版不仅使得物更规范、更专业，还为我们这些创作者提供了更多的机遇。

所以，我一直对朋友说，现在依然是入局得物最好的时机。随着得物不断发展和完善，越来越多的用户和品牌方开始关注这个平台，这为创作者提供了更多的合作机会和更大的商业价值。

我运营得物账号不知不觉已经 8 个月了，学员超过了 200 个。在这个过程中，我找到了很多同频的人。我们一起研究得物的最新玩法，探讨如何创作出更受欢迎的动态，分享彼此的成功经验和失败教训。

在运营得物账号的 8 个月里，我见证了很多创作者的成长与蜕变，深刻地感受到了得物的巨大价值和对创作者的吸引力。然而，我也意识到，尽管得物提供了丰富的资源和大量的机会，但很多初学者和正在寻求突破的创作者仍然面临着诸多困惑和挑战。

在这个过程中，我时常被问及一些关于得物运营的问题。比如，如何创作出更受欢迎的动态、如何提高账号的曝光度、如何与品牌方进行有效的合作等。这些问题让我意识到，我的运营经验、技巧和心得真的可以帮助更多的人。

因此，我决定将我的运营经验、技巧和心得整理成一本书，希望能为那些想在得物上发展的人提供一个实用的指南。本书不仅包含了得物的基础知识和运营技巧，还融入了我的见解和思考。

在撰写本书的过程中，我不断地回顾自己运营得物账号的经历，思考每一个成功的案例和每一次失败的教训。我试图将那些看似零散的运营经验整合成一个完整的体系，让读者能够从中找到适合自己的方法和策略。同时，我尽可能地让本书的内容保持前沿性和实用性，以便更好地满足读者的需求。

前言

本书是我写的第一本书，对我来说意义非凡。写本书也是自我挑战和突破，让我更加深入地思考了自媒体运营的本质和核心，也让我更坚定了在得物上继续发展的决心。

我写本书的初衷是希望能够帮助那些对得物感兴趣的读者更快地了解并掌握运营方法，避免走弯路，更快地实现自己的目标！同时，我也希望通过本书与更多的创作者建立联系，共同交流和学习，一起成长和进步！

季夏

2024 年 6 月

目录

第 1 章 新手快速入门得物指南 ············1

1.1 推荐新手运营得物账号的 3 个理由 ············1
    1.1.1 门槛低 ············2
    1.1.2 变现快 ············4
    1.1.3 有潜力 ············9

1.2 创作者如何使用得物进行创作 ············12
    1.2.1 如何发布动态 ············13
    1.2.2 创作中心页面介绍 ············19
    1.2.3 在哪里可以快速地找到平台活动 ············29

第 2 章 如何找到高价值定位 ············31

2.1 个人定位的基本概述 ············31
    2.1.1 为什么要做个人定位 ············31
    2.1.2 怎么做个人定位 ············32

2.2 个人定位的几种方法 ············33
    2.2.1 根据自身兴趣 ············34
    2.2.2 根据自身具备的能力 ············35
    2.2.3 根据市场需求 ············36

2.3 如何让个人定位更突出 ············42
    2.3.1 先窄后宽 ············42
    2.3.2 寻找市场空白点或创新点 ············46
    2.3.3 形成独特风格 ············47

2.4 用3步搞定有特色的账号装修··48
2.4.1 如何取一个好的账号名字···48
2.4.2 如何设计一个与众不同的头像····································52
2.4.3 如何让账号简介更有记忆点······································55

第3章 得物的内容生态···61
3.1 得物动态的基本规则···61
3.2 避免低质量内容···63
3.2.1 什么是低质量内容···63
3.2.2 低质量文案的特点···64
3.2.3 低质量图片的特点···66
3.3 得物鼓励的发文方向···70

第4章 第一篇动态如何快速获得推荐·····································73
4.1 动态的构成部分···73
4.2 如何写一篇好的得物文案··76
4.2.1 写文案的基本技巧···76
4.2.2 用7种标题撰写技巧提高你的点击率·····························78
4.3 如何设计一张好看的图片··86
4.3.1 常见的封面模板···86
4.3.2 内页的基本注意点···87

第5章 7天粉丝超过100个，这些"涨粉"技巧你也可以复用···············89
5.1 内容"涨粉"···89
5.1.1 发布平台推荐的动态···89
5.1.2 发布用户喜欢的动态···94
5.2 与用户建立联系···98

5.2.1　如何使用留言"转粉" ······ 98
　　　5.2.2　如何增加自己的"可见度" ······ 99

第6章　在环境不理想的情况下，如何拍摄出高质量图片 ······ 102

6.1　环境层面 ······ 102
　　　6.1.1　如何简单、快速地布置一个拍摄场景 ······ 102
　　　6.1.2　哪些日常用品可以作为拍摄的辅助道具 ······ 104
　　　6.1.3　如何找到绝佳的拍摄光线 ······ 108

6.2　技术层面 ······ 110
　　　6.2.1　拍摄图片的基本注意点 ······ 110
　　　6.2.2　6种构图方式，拯救你的拍摄技术 ······ 111

6.3　后期修图 ······ 118
　　　6.3.1　常见的修图软件介绍 ······ 118
　　　6.3.2　万能修图公式 ······ 120

第7章　一篇动态获得70多笔订单，我发现了"种草"的技巧 ······ 122

7.1　用5种技巧撰写吸引人的带货文案 ······ 122
　　　7.1.1　使用故事化描述 ······ 123
　　　7.1.2　使用场景化描述 ······ 123
　　　7.1.3　使用情感化语言 ······ 125
　　　7.1.4　强调商品的优点 ······ 126
　　　7.1.5　构建品牌认同感 ······ 129

7.2　用两个技巧提高商品购买率 ······ 132
　　　7.2.1　明确并直击目标用户的痛点 ······ 132
　　　7.2.2　巧妙地在动态中埋"钩子" ······ 133

7.3　利用社交媒体平台的特性，增加互动性与信任感 ······ 134
　　　7.3.1　引导互动 ······ 134

7.3.2　展示真实评价·· 135

第 8 章　一个人用一部手机，如何拍摄出百赞的视频············· 137

8.1　拍摄前期准备·· 137
  8.1.1　场景选择·· 137
  8.1.2　这个脚本结构，让新手快速找到视频录制节奏·························· 139
8.2　拍摄中的注意事项·· 141
8.3　视频剪辑··· 142
  8.3.1　常见的视频剪辑软件·· 142
  8.3.2　剪映的视频剪辑流程·· 144

第 9 章　得物的 5 种变现方式和能快速得到好结果的几个领域···· 153

9.1　种草赏金··· 153
  9.1.1　什么是种草赏金·· 153
  9.1.2　如何快速获得种草赏金·· 155
9.2　评价有礼··· 158
9.3　视频激励··· 159
  9.3.1　什么是视频激励·· 159
  9.3.2　开通条件··· 160
9.4　引力平台··· 161
  9.4.1　如何开通投稿任务··· 162
  9.4.2　如何获得更多的报名次数·· 164
  9.4.3　如何开通定向任务··· 167
9.5　得物评价官··· 171
  9.5.1　什么是得物评价官··· 171
  9.5.2　如何快速成为得物评价官·· 173
9.6　能够快速得到好结果的几个领域··· 179

9.6.1 美妆护肤领域 ··· 180
9.6.2 配饰领域 ··· 182
9.6.3 鞋领域 ··· 183

第 10 章 通过引力平台接单的注意事项 ························· 186

10.1 商业合作的流程及技巧 ····································· 186
10.1.1 品牌合作的流程 ······································· 186
10.1.2 商业合作技巧 ··· 190
10.2 商业合作的注意事项 ······································· 193
10.2.1 拆解 bf ··· 193
10.2.2 违规的合作模式——供稿直发 ························· 197
10.2.3 特殊的合作模式——拍单 ····························· 201
10.2.4 常见的品牌合作问题答疑 ····························· 202
10.2.5 注意这些容易被封号的操作 ··························· 206

第1章 新手快速入门得物指南

随着互联网技术蓬勃发展，电子商务领域迎来了前所未有的繁荣，各类电商平台如雨后春笋般涌现，为用户提供了丰富的购物选择和便捷的购物体验。在这个充满竞争的市场中，各大平台都在寻求独特的发展路径，以便吸引更多的用户和商家。

淘宝作为电商领域的老牌巨头，凭借深厚的用户基础和完善的商业生态，始终稳坐电商领域的"头把交椅"。抖音则凭借短视频崛起，在近年来异军突起，凭借精准的推荐算法，成功地吸引了大量年轻用户的目光。

然而，得物作为一个相对独特的平台，凭借别具一格的定位和策略，也成功地在竞争激烈的电商市场中占据了一席之地。

值得一提的是，得物不仅是一个电商平台，还是一个融合了社交、潮流和时尚元素的综合性平台。它为用户提供了一个展示自我、交流心得的社交平台，也为自媒体新人提供了一个展示自我、积累粉丝、成功变现的机会。

本节介绍推荐新手运营得物账号的 3 个理由，以及创作者如何使用得物进行创作。

1.1 推荐新手运营得物账号的3个理由

很多人对得物的印象还停留在"这是一个购物平台"上，但其实得物已经向很多做得比较好的社交平台（例如，小红书）看齐了。

回顾得物的发展历程，你可以看到其不断探索与创新的脚步。

2015年9月，一款名为"毒"的球鞋文化和潮流资讯App横空出世，为年轻人提供了一个全新的交流空间。

2017年，"毒"迈出了重要的一步：上线了交易功能，并创新性地推出了"先鉴别，后发货"的交易模式。这个创新举措不仅大大地提高了购物的安全性，还进一步巩固了其在潮流文化领域的领先地位。

到了2020年，"毒"正式改名为"得物"，完成了从单一的鉴别、购物平台到社交电商平台的转变。得物在保持原有购物功能的同时，更注重用户的社交体验，为用户提供了一个可以分享、交流、发现新事物的平台。

因为它的社交生态形成得相对较晚，所以与其他已经成熟的社交平台相比，运营得物账号就显得门槛比较低了，为自媒体人提供了更多的机会和可能性。

我跟身边的很多朋友都提过，2024年想做自媒体运营，首选得物。

为什么这么说呢？

说一个很直接的结果，我在2023年11月中下旬开始运营得物账号，目前已经做起来两个账号，一个账号有500多个粉丝，另一个账号有100多个粉丝，虽然粉丝都不多，但是有500个粉丝的账号在开通商业合作权限的第一个月就接了30多个合作项目，有100多个粉丝的账号在还没有几个粉丝时就已经通过带货赚到了几百元佣金。

我主要从以下3个方面来说明一下为什么在2024年普通人做自媒体运营的机会在得物上！

1.1.1 门槛低

在深入探讨得物动态的特点时，不得不提及其动态的独特性。

从动态的篇幅角度来说，与公众号常见的上千个字的深度长文，以及小红书上几百个字的软文相比，仅需要 100 个字左右便能完成一次得物动态分享。这种短小精悍的篇幅要求，无疑为许多创作者提供了极大的便利。

在这个信息爆炸的时代，人们的注意力越来越难以集中，长篇大论往往容易让人望而生畏。100 个字左右的得物动态恰恰迎合了现代人碎片化的阅读习惯。无论是在上班路上、等车间隙，还是在休闲时刻，用户都能快速浏览并获取所需的信息，避免了冗长内容带来的阅读疲劳。

这种短小精悍的篇幅要求不仅降低了创作者的创作门槛，还提高了用户的阅读体验。创作者无须花费大量时间和精力构思长篇动态，只需要用精练、准确的语言，就能轻松地吸引用户的眼球，传达自己的意图和观点。这种方式让创作者能够更高效地管理自己的时间，同时保持动态的高质量。

另外，得物的这种独特的动态风格，还促使创作者更注重动态的核心价值，而非堆砌冗长的文字。每一篇得物动态都需要在有限的字数内抓住一个关键点详细展开介绍，清楚地表达创作者的真实体验和感受。得物更注重创作者真实地分享和使用，而不是生硬地介绍商品。因此，创作者需要以真实的视角分享自己的使用体验，这不仅能够更好地与用户产生共鸣，还能增加动态的可信度和吸引力。

除了篇幅，得物动态在表达形式上同样展现出多样性。尽管要求篇幅简短，但是得物并不限制动态的表达形式。除了传统的图文动态，得物还支持上传视频动态。

创作者可以根据自己的特长和喜好，选择最适合自己的表达形式。无论是擅长文字描述的创作者，还是擅长拍摄视频的创作者，都能在得物上找到属于自己的舞台。

灵活多样的表达形式，不仅丰富了用户的阅读体验，还为创作者提供了更多的发挥空间。创作者可以自由地展示他们的创意，无论是通过精美的图片、精彩的视频，还是通过生动的文字。

除此之外，得物的操作页面简单、直观，对新手用户非常友好。得物 App 的页面简单，没有冗余的元素，使用户能够迅速找到所需的功能。无论是浏览动态、上传作品，还是与其他用户互动，用户都能通过直观的操作轻松完成。

这种简洁的页面设计，不仅降低了用户的学习成本，还提高了用户的使用效率。得物还提供了清晰的操作提示和指引，帮助用户了解每个功能的用途和操作方法。无论是发布动态、编辑个人信息，还是管理作品，用户都能通过简单的几步操作轻松完成。

这些页面的设计大大地降低了用户的使用门槛，使得物成为一个友好的创作与分享社区。不论是资深创作者还是初次尝试的新创作者，都能在得物上找到自己的位置，享受创作与分享的乐趣。

1.1.2 变现快

2023 年 11 月，在我的自媒体导师推荐下，我开始运营得物账号，仅用半个月就打造出了一个具有商业价值的账号。

什么是具有商业价值的账号呢？简而言之，具有商业价值的账号就是能够接到推广合作邀请、可以赚钱的账号。对于创作者来说，能够接到推广合作邀请不仅是对自己创作的动态的肯定，还是将创作转化为实际收益的重要途径。

2023 年 11 月 19 日，我在得物上发布了第一篇动态，如图 1-1 所示。在短短的几周内，我的账号就吸引了大量用户关注，在 12 月 8 日突破了 100 个粉丝的门槛，如图 1-2 所示。12 月 9 日，我成功地开通了商业合作权限，正式踏上了商业化之路。

图 1-1

图 1-2

这个过程不仅展现了得物强大的用户吸引力,还证明了我的实战效果和策略的有效性。我通过科学的运营和高质量的动态,掌握了正确的方法和策略,能够在短时间内实现从零到一的突破。

对于一个在新媒体行业工作了四年,运营过很多平台账号的创作者来说,得物真的给了我不一样的体验。

我可以肯定地说:"这确实是我运营过的变现速度最快的平台。"

以抖音为例,这个拥有庞大用户基数的短视频平台,曾经为许多创作者提供了广阔的带货空间。

在早期的抖音带货生态中,即使你没有粉丝,也可以带货,但前提是必须缴纳一定的保证金,以确保交易的诚信和符合平台的规范。

然而，随着抖音的发展和用户需求不断变化，抖音的带货门槛逐步提高。如今，你需要累积至少 1000 个粉丝才能开通橱窗，进而挂上商品链接进行带货。

与此相比，得物的带货门槛显得较低。

得物并不要求你拥有庞大的粉丝基数，也不需要你缴纳保证金。你只需要完成实名认证这步基本操作，就可以在发布动态时轻松地挂上商品链接。

这个规则为新创作者提供了更多展示自己和推广商品的机会，使得变现变得更直接、更高效。

当有人通过你发布的动态中的商品链接购买了商品时，你就可以获得相应的佣金。这种直接、高效的变现方式在目前市面上的电商 App 中是非常少见的。

得物通过这种方式，不仅降低了创作者的入门门槛，还提供了更广阔的创作和变现空间。

我第一次真正感受到得物变现速度之快是在 2023 年 11 月 24 日。当时，我发布了一篇得物动态，没想到的是，这篇动态竟然成功地获得了 71 笔订单，如图 1-3 所示。尽管金额并不算特别高，但是给了当时粉丝数还不到两位数的我巨大的鼓舞。

图 1-3

这种经历让我深刻地体会了得物的强大影响力和卓越的带货效果。

得物的快速变现能力，不仅在于它提供了便捷的商品推广方式，还在于它能够迅速地将创作者的动态转化为实际的购买行为。

对于一个刚刚起步的新创作者来说，能够在短时间内取得这样的成绩，不仅增强了我对平台的信心，还让我看到了更多的发展可能性。

在我的得物训练营中，经常有学员取得惊人的成绩。即便他们的账号只有几个粉丝，甚至没有粉丝，带货佣金也已经达到了上百元。

这种事情在其他平台上是很难见到的，但在得物上几乎每天都会出现。

除了带货，做自媒体运营最重要的一种变现模式莫过于接广告了。

以小红书为例，过去，想要入驻蒲公英平台进行商业推广的用户，需要至少积累5000个粉丝，这个高门槛将许多小众创作者和初入小红书的用户拒之门外。2023年，小红书降低了这个门槛，将粉丝数要求降低至1000个，为更多的创作者提供了商业合作的机会。

当把目光转向得物时，你会发现得物为创作者提供了更友好和更开放的商业环境。在得物上，你只需要累积100个粉丝，就能开通商业合作权限。

这个低门槛让更多的创作者有机会接触商业合作，迅速实现变现。

我在得物上的经历充分地证明了这一点。

2024年1月，我凭借在得物上积累的100多个粉丝，成功地开通了商业合作权限，一口气接下了30多笔商业合作订单。因为我实在接单过多，所以为了管理这些合作订单，特地制作了一张表，详细记录每一笔订单的信息和进度，如图1-4所示。

得物的平台特性和变现低门槛，使得创作者能够更轻松地踏入商业化之路。无论是刚起步的新手，还是已经有一定基础的创作者，都能在这里找到适合自己的发展路径。这种友好而开放的商业环境，正是得物吸引无数创作者的重要原因。

序号	文档	商单/自己分享	内容形式	单推/合集	状态
1	打工人不能没有蒸汽眼罩!	商单	图文	单推	1-已发布
2	瑕疵皮打造奶油肌,我的第二层皮!	商单	图文	单推	1-已发布
3	圣诞节还不知道送女友什么?这个甜美手镯了解一下	商单	图文	单推	1-已发布
4	白月光回国!谁懂啊,这可是我的第一套护肤品	商单	图文	单推	1-已发布
5	种草啦!脸干星人湿敷用它就对了!	商单	图文	单推	1-已发布
6	黑眼圈有救咯~挖到宝啦!	商单	图文	单推	1-已发布
7	嘴巴水嘟嘟,像喝饱了水一样	商单	图文	单推	1-已发布
8	公主请用它!冬日面霜还得是它!	商单	图文	单推	1-已发布
9	才几十的防晒,球球别再说买不到便宜好用的方式了	商单	图文	单推	1-已发布
10	涂出妈生好肌!这瓶护手霜便宜大碗还好用!真的绝	商单	图文	单推	1-已发布
11	去痘去印快!准!狠!	商单	图文	单推	1-已发布
12	混合皮冬天真的少不了它!	商单	图文	单推	1-已发布
13	为什么我上学的时候没有发现这个素颜霜?	商单	图文	单推	1-已发布
14	让我看看是谁还没有找到送女友的新年礼物?	商单	图文	单推	1-已发布
15	妈妈直夸我会买东西!	商单	图文	单推	1-已发布
16	平价大碗急救霜!秋冬天终于不卡粉了!	商单	图文	单推	1-已发布
17	有效洗头!我的发缝终于不见了!	商单	图文	单推	1-已发布
18	很难不爱这么这么可爱寓意友好的貔貅项链啊!	商单	图文	单推	1-已发布
19	不懂这个果冻感唇釉的人有难了!	商单	图文	单推	1-已发布
20	油痘肌是真的可以试一试刷酸~	商单	图文	单推	1-已发布
21	才25岁就显老?没细纹的别进	商单	图文	单推	1-已发布
22	不藏了,这就是我快速上妆的秘密武器	商单	图文	单推	1-已发布
23	请面膜都按这个程度卷起来!平价又好用	商单	图文	单推	1-已发布
24	不是,我用之前没人跟我说这么好用啊	商单	图文	单推	1-已发布
25	星八瑕疵皮真的会超爱这个妆感	商单	图文	单推	1-已发布
26	无痛化毛小妙招,小猫咪终于不干yue了	商单	图文	单推	1-已发布
27	自己不舍得买,但送朋友超有心的香水礼盒!	商单	图文	单推	1-已发布
28	黄皮实测,这个面霜真的能白!	商单	图文	单推	1-已发布
29	能自动按摩的眼霜,我终于找到了	商单	图文	单推	1-已发布
30	通勤必备,这个防晒真得有点东西!	商单	图文	单推	1-已发布
31	5555,终于找到韩剧女主角的本命香了~	商单	图文	单推	1-已发布
32	过年给闺蜜送什么?两世欢手链安排!	商单	图文	单推	1-已发布
33	油皮亲妈水乳,感觉过阵子可以素颜自由了	商单	图文	单推	1-已发布
34	我上学的时候怎么就没有这么好用的贵妇膏?	商单	图文	单推	1-已发布

图 1-4

除了之前详细介绍过的得物在粉丝数门槛和商业合作方面的优势,还有一点同样不容忽视,那就是得物独特的运营模式。

与抖音和小红书等平台相比,得物并不需要创作者投入大量的资金进行流量投放或者进行烦琐的数据分析。

在抖音和小红书上，要想打造出有高变现价值的账号，往往需要一个专业的团队来支持，从内容策划到数据分析，再到流量投放，都需要精心布局和协调。

然而，在得物上，这种依赖专业团队和资金投放的模式被打破了。得物为创作者提供了一个更公平和更开放的舞台，让素人也有机会实现商业价值。

在得物上，你不需要有庞大的团队支持，也不需要投入大量的资金进行流量投放。只要你能够创作出足够吸引人的动态，就有机会获得用户的喜爱和认可，进而实现商业价值。

1.1.3 有潜力

前面已经深入探讨了得物的多重功能和价值。实际上，得物早已超越了传统电商平台的范畴。购物不仅是一种交易行为，还是一种沉浸式的互动体验。

在得物上，每一位用户都可以是动态的创作者和分享者。当你发布动态时，只要动态中的商品能在得物上找到，你就可以轻松地挂上相应的购买链接。看到你发布的动态的用户，都可以通过这个链接进行购买。这种无缝对接的购物体验不仅为用户提供了极大的便利，还为创作者提供了更多实现商业价值的机会。

更重要的是，得物上的每一篇动态都蕴含着巨大的商业潜力。通过精心策划的动态，你可以吸引更多的用户关注，进而引导他们点击购买链接，实现商业转化。

得物的独特之处在于它不仅是一个销售商品的渠道，还是一个充满活力的社区。用户在这里不仅可以购物，还可以分享自己的使用心得和体验，从而形成了一个良性互动的生态系统。这种互动不仅增加了用户的黏性，还提高了得物的整体活跃度和影响力。

另外，得物的操作非常简单、直观。无论你是新创作者，还是资深博主，都能迅速上手并开始分享和带货。得物提供的各种工具和功能使得创作与推广变得更轻松、更高效。

得物的用户群体主要是充满活力和创造力的"90后"。这个群体以独特的眼光和敏锐的洞察力，引领着时尚的潮流，对个性和品位有着执着的追求。

他们不仅愿意为自己钟爱的品牌和风格买单，还将购物视为一种生活态度和自我表达的方式。值得注意的是，这个年轻的群体已经具备了一定的经济基础和消费能力，为得物上的商品提供了广阔的市场空间。

得物的成长之路始于虎扑社区——一个以体育、娱乐和潮流文化为主题的信息交流平台。在这个基础上，得物成功地孵化出了自己独特的商业模式，吸引了大量带有潮流属性的年轻男性用户。

这些用户不仅是得物的忠实拥护者，还是推动得物不断发展的重要力量。他们通过分享、交流、购买为得物源源不断地注入活力和创新力。

然而，得物并没有止步于此。近年来，得物积极寻求突破和拓展。得物深知，要在竞争激烈的电商市场中立于不败之地，就必须不断地满足更多用户的需求。因此，得物开始努力扩大用户范围，通过精准的市场定位和营销策略吸引大量年轻、时尚的女性用户。这些新用户的加入，不仅为得物带来了更多元化的用户画像，还为得物的发展注入了新的活力。

如今，得物的用户社区已经形成了一个稳定的生态系统。无论是男性用户还是女性用户，都能在得物上找到自己喜爱的商品和志同道合的朋友。

他们在这里分享潮流信息、探讨时尚、追求个性，打造了得物独特的用户文化和社区氛围，使得得物能够在未来的市场竞争中保持领先地位。

作为一个集购物与二手交易于一体的平台（二手交易平台可以通过得物

App直接进入,这项功能在得物上被称为95分,如图1-5所示),得物在商品的真伪鉴别和质量保障方面展现出了极高的专业性与责任感。

图1-5

在早期的二手交易市场中,商品的质量参差不齐,真假难辨的问题常常让用户望而却步。然而,得物采用"先鉴别、后发货"的创新服务模式为这个问题提供了有效的解决方案。每一件商品在上架前都经过严格的鉴别和质量检查,确保用户能够放心购买。

这个服务模式既赢得了用户的信任,也树立了得物在行业中的良好形象。通过严格的品控流程,得物有效地保障了商品的质量,提高了用户的购物体验。用户在得物上不仅可以购买到心仪的潮流商品,还能享受到无忧的购物服务。

得物的成功不仅在于创新的商业模式和精准的市场定位,还在于对用户需求的深刻理解和高度重视。无论是通过吸引不同性别、不同兴趣的用户,还是通过提供优质的商品和服务,得物都在不断地提高自身的竞争力和影响力。

这种对商品质量的严格把控既增强了用户对得物的信任，也大大地提高了交易的效率和安全性。用户无须担心购买到假货或劣质商品，可以更放心地购物。

同时，得物在商品种类的覆盖上展现出了极大的优势。无论是追求时尚潮流的年轻人，还是注重生活品质的用户，都可以在得物上找到心仪的商品。

由此可见，得物在用户基础、商品质量保障、个性化购物体验、商家服务、消费潮流引导等方面都展现出了强大的优势和发展潜力。

它不仅为用户提供了一个安全、可靠、便捷的购物平台，还为商家提供了一个展示商品、拓展市场的良好机会。可以说，得物是一个具有巨大发展潜力的电商平台！对于创作者来说，在得物的发展阶段入局，无疑是明智的决定。

随着得物不断发展和用户不断增加，创作者将有更多的机会展示自己的才华和创意，吸引更多的粉丝。同时，得物为创作者提供了很多资源和支持，帮助他们实现自己的梦想和目标。

对于一个正在发展的平台来说，得物的规则一定是与日俱增的，越早入局，受到的限制就越小，得到好结果的速度就越快！

1.2 创作者如何使用得物进行创作

虽然得物是一个购物软件，但是创作者想要进行动态创作并不需要额外的软件，只需要直接下载并安装得物App即可。

在自媒体风起云涌的现在，有的平台为了凸显自己的"专业性"和"丰富度"，将平台设计得非常复杂，有的平台甚至需要分别使用购物、创作等几个不同的软件，得物则独树一帜，使用一个软件，操作页面也非常简单。

无论是初次接触得物的新手还是经验丰富的自媒体人，都能在短时间内迅速掌握得物的基本操作。操作页面设计得清晰、直观，功能按钮和图标摆放合理，使创作者能够轻松地找到所需的功能，无须在复杂的菜单中迷失方向。

在动态创作方面，得物提供了简洁的编辑工具，让用户可以方便地编辑文字、插入图片和视频。这种简单的操作方式极大地降低了动态创作的门槛，让更多的人能够轻松地表达自己的想法和创意。

本节将着重介绍得物的各个操作页面。

1.2.1 如何发布动态

得物的动态形式主要分为图文和视频两种。

对于图文动态，创作者最多可以选择上传 9 张图片，文案为 100 个字左右、简单明了地传达观点即可。对于视频动态，为了确保用户能够完整地观看并留下深刻印象，建议视频时长在 30 秒以上，文案则相对简短，大约 15 个字左右，起到点题或引导的作用即可。

在得物上发布动态的过程非常简单，一共有以下两种方式。

方式一：

打开得物 App 后首先进入的是得物的动态展示页面，点击右上角的照相机按钮，如图 1-6 所示。

然后，进入选取照片的页面，选择需要发布的图片或者视频，不能同时选择这两种形式。

以选择图片为例，在选好图片后，点击"下一步"按钮（如图 1-7 所示），进入图片编辑页面。在这个页面中，可以给图片加贴纸、文字、滤镜等，如图 1-8 所示。这里有一个需要注意的功能：好物。

图 1-6

第 1 章 新手快速入门得物指南

图 1-7

关联好物其实就是我们平常经常听到的挂车。在这里关联好物，除了会在文案末尾出现相应的商品链接，用户还可以在图片中看到相应的商品链接（如图 1-9 所示），从而点击商品链接进行购买。

图 1-8

图 1-9

在设置好图片后，就可以编辑文案了，如图 1-10 所示。得物的文案也分为标题和正文两个部分。在一般的情况下，标题控制在 20 个字以内，正文为 100 个字左右即可。

得物的编辑器自带排版功能，可以设置符号、编号等，如图 1-11 所示。

第1章 新手快速入门得物指南

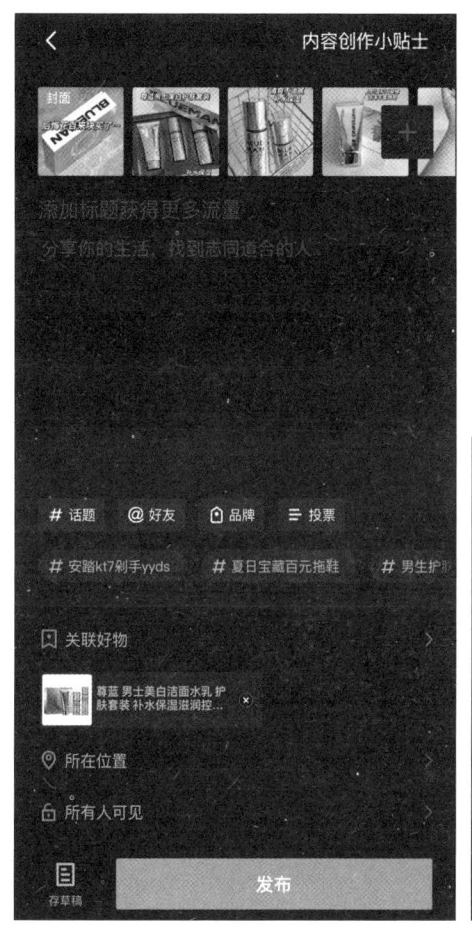

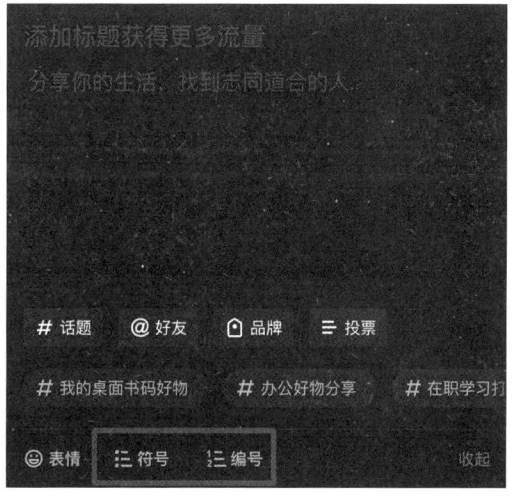

图 1-10　　　　　　　　　　图 1-11

与小红书不同的是，得物并不喜欢过多的 emoji（表情），平台自带的编辑功能完全够用。

将图片和文案都编辑好后，就可以发布了。

方式二：

打开得物 App，点击页面下方的工具栏中的"我"选项，如图 1-12 所示。

在进入"我"的页面后，点击个人基本信息处或者直接点击"动态"选项，即可进入自己的主页，如图1-13所示。

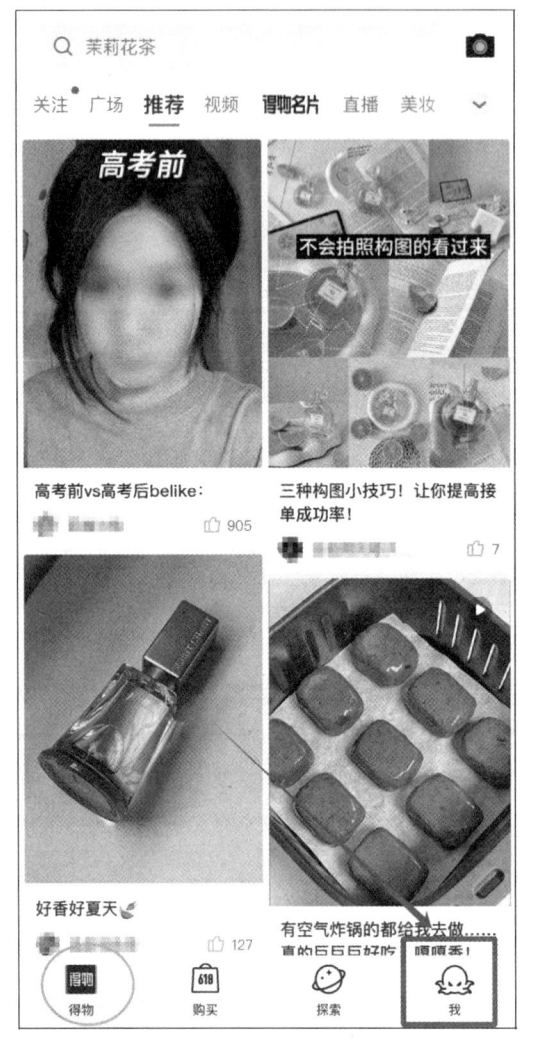

图1-12

图1-13

点击"发布新动态"选项即可进入发布动态的页面，如图1-14所示。后续操作与方式一一致，不再赘述。

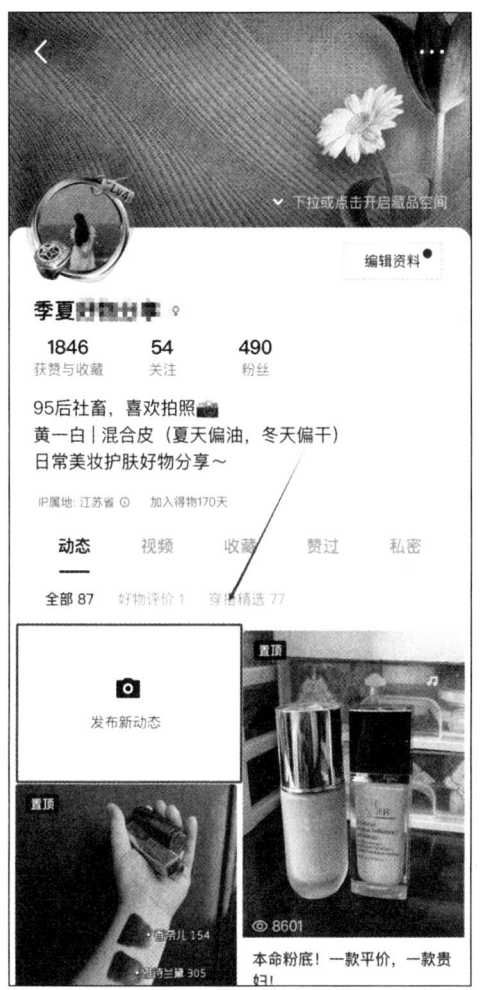

图 1-14

1.2.2 创作中心页面介绍

做自媒体运营的人肯定都深知,每个平台的创作中心都是不可或缺的宝贵资源。创作中心既是信息的聚集地,也是创作过程中的指路明灯,为创作者的创作提供了无尽的灵感和方向。

创作中心能够为创作者提供丰富的活动资讯，使创作者能够准确地把握用户的喜好和需求。在这个信息爆炸的时代，这样的资源对于创作者来说至关重要。通过获取最新的趋势和热门话题，创作者能够在创作过程中避免盲目，确保作品与市场需求高度契合。

创作中心还汇集了大量的数据和用户行为，帮助创作者更好地了解用户的偏好和行为模式。这些宝贵的信息使创作者能够有针对性地调整创作方向，提高作品的质量和吸引力，从而更好地满足用户的需求。

那么得物的创作中心在哪里呢？

打开得物App，点击页面下方的工具栏中的"我"选项（如图1-15所示）。页面中上的位置就是创作中心的入口，如图1-16所示。

图1-15

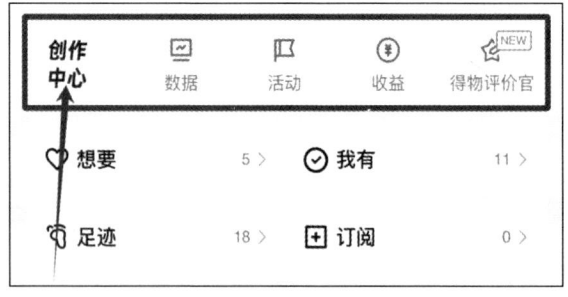

图1-16

第1章 新手快速入门得物指南

得物的创作中心一共有 4 个板块，分别是数据板块、玩转收益、创作服务及创作灵感，如图 1-17 所示。

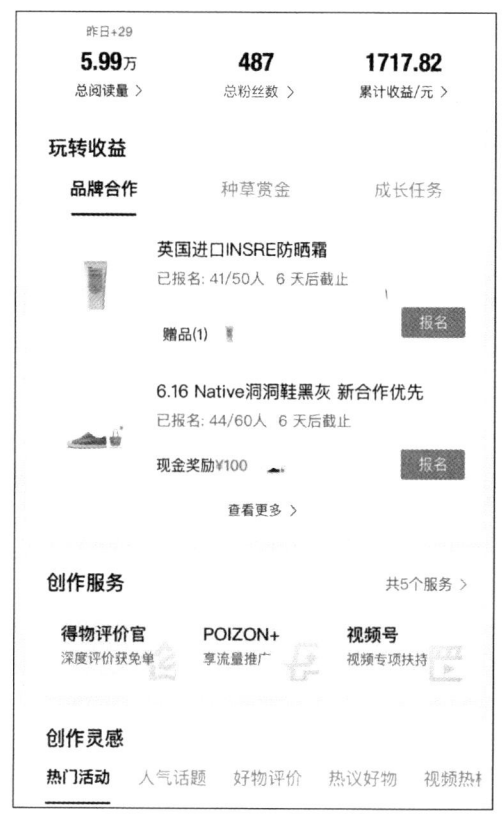

图 1-17

注：因为入驻引力平台后，该页面会有变化，考虑到读者大部分是新手，故而这里使用的截图为未入驻引力平台的账号后台页面。

1. 数据板块

在这里可以看到账号的一些基础数据，如总阅读量、总粉丝数，以及累计收益。图 1-18 所示为我运营的某个账号的后台截图，点击"总阅读量"即可看到详细的阅读数据，如图 1-19 所示。点击"总粉丝数"即可查看详细的粉丝数据，如图 1-20 所示。点击"累计收益/元"即可看到整体的收益，如图 1-21 所示。

图 1-18

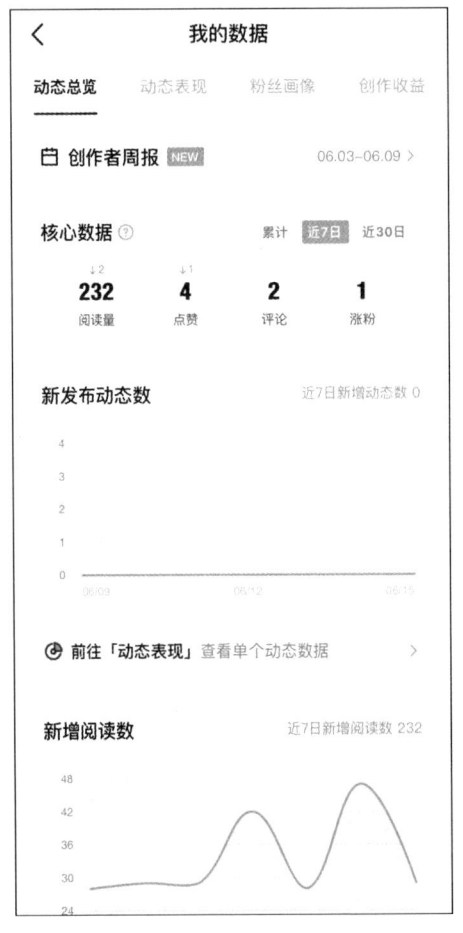

图 1-19

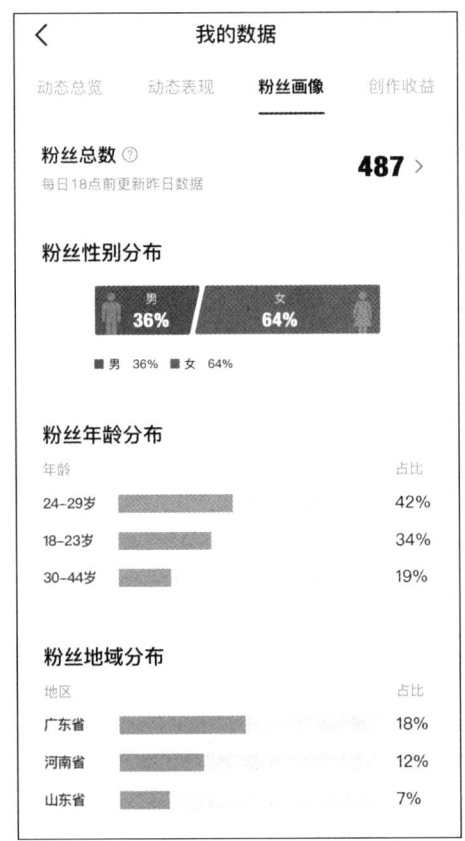

图 1-20

第1章　新手快速入门得物指南

图 1-21

在运营账号的日常工作中，数据复盘是一项至关重要的任务。这些数据不仅为创作者提供了客观的评估标准，还揭示了潜在的机会和挑战，帮助创作者更好地理解和把握运营的方向。

通过每天对数据进行复盘，创作者能够清晰地看到哪些动态更被用户喜爱，哪些策略带来了显著的增长。这种深入的洞察不仅有助于创作者识别成功的因素，还能帮助创作者发现改进的空间。

基于这些数据，创作者可以及时地调整动态策略，优化发布时间，甚至重新定位目标用户，从而实现更精准的传播，获得更高的用户参与度。

数据复盘还能够让创作者及时发现运营中的问题，避免使用低效甚至错误的策略。比如，通过数据复盘，创作者可以了解特定类型的动态在某个时间段内的表现，进而调整发布策略，确保动态能够在最佳时间段内发布，获得最大的曝光量和互动量。

创作者每天对数据进行复盘是至关重要的。这种数据驱动的运营方式既能提高工作效率，也大大地增强了创作者对市场变化的敏感度和应对能力。

2. 玩转收益

玩转收益分为种草赏金、成长任务和品牌合作3个小板块，点击不同的小板块，即可看到详细的收益或成长任务。

在开通了品牌合作后，3个小板块的位置是会发生变化的（如图1-22和图1-23所示）但对应的功能都是一致的，本节只介绍"成长任务"，在其他章节介绍另外两个小板块。

图1-22

图1-23

在不同的时期，成长任务不同，但共同点都是，完成相应的任务可以获得相应的奖励，比如津贴、流量券等。

3. 创作服务

创作服务分为5个小板块，分别是得物评价官、POIZON+、视频号、直播中心、创作学院，如图1-24所示。

图 1-24

1）得物评价官

得物评价官是得物用来激励创作者的一个头衔。在成为得物评价官后，创作者每个月都有获得免单的机会。目前，得物评价官开放了 7 个领域，分别是篮球、跑步、羽毛球、美妆、户外、潮鞋、穿搭。

第 9 章会详细介绍如何成为得物评价官。

2）POIZON+

POIZON+是得物的流量券，一般以奖励的形式出现。新手在发布第一篇动态后一般会收到"1000 流量券"的奖励，有效期是 7 天，可以给发布的动态增加曝光量。

积极参加平台活动也能获得该奖励。

3）视频号

很多平台都在大力支持视频内容。以前，小红书上的图文笔记较多，但是最近小红书对视频笔记的支持是有目共睹的。

在得物上也是这样的，得物甚至推出了一个只针对视频动态的政策：视频激励。

这是什么意思呢？就像你做公众号运营一样，在文章中插入的广告会带来相应的收益，这个收益是由阅读量和广告点击率决定的。

在得物上，你不需要插入广告，也可以单纯地以视频阅读量来获得收益，比如无门槛优惠券、流量券，甚至现金奖励。

但是开通视频号需要满足一定的条件，如图 1-25 所示。

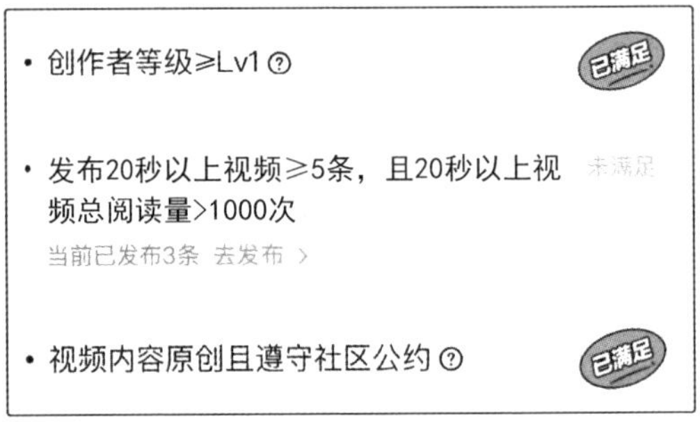

图 1-25

对于视频号的内容，本节先简单介绍一下，在第 9 章中会详细介绍。

4）直播中心

直播中心是一个分析直播数据的关键工具，如图 1-26 所示。

在这里，创作者可以通过详细的数据分析，了解每场直播的表现情况。这些数据不仅包括观看人数和互动频率,还包括转化率等商业指标。

通过直播中心,创作者可以更精准地策划直播内容,优化选品策略,从而提高直播效果和收益。

5)创作者学院

创作者学院是得物为创作者提供的官方资源库,汇集了一系列创作课程,旨在帮助创作者提高内容创作技巧和运营能力,如图1-27所示,得物还对课程进行了分类。

图1-26

图1-27

虽然其中的很多课程录制的时间较早,可能与当前的市场动态有所脱节,但是这些课程依然涵盖了丰富的基础知识和大量的实用技巧,对刚入门的创作者依然具有很高的参考价值。

感兴趣的创作者可以浏览这些课程,从中汲取灵感和经验,为自己的创作之路打下坚实的基础。

4. 创作灵感

在创作灵感板块中,创作者可以查看得物的热门活动,还可以参加这些活动以获得相应的奖励,如图1-28所示。

图1-28

另外，创作灵感板块还为创作者提供了最新的热门话题和趋势分析。通过了解当前平台上哪些动态和商品最受欢迎，创作者可以进行创作。

这不仅能增加动态的曝光量，还能更好地引起用户的关注和互动。紧跟潮流，创作出符合用户兴趣的动态，是提高创作者影响力和用户参与度的重要策略。

创作灵感板块的这些功能，能很好地帮助创作者在不断变化的市场中找到灵感和方向，创作出更精彩和更受欢迎的作品。

1.2.3 在哪里可以快速地找到平台活动

参加平台活动对于自媒体人来说具有无法估量的重要性。参加平台活动不仅可以展示个人品牌和影响力，还可以拓展资源、增强用户互动、获取更多曝光。

得物为了激励创作者，定期举办各种活动。参加平台活动的方式主要有以下几种。

（1）参加创作灵感板块中的活动。前面已经介绍了如何参加，这里不再赘述。热门活动通常由官方支持，提供创作主题和方向，帮助创作者更好地发挥才华，吸引更多关注。

（2）参加得物正在推广的活动。在打开得物App后，点击"广场"选项可以看到得物正在推广的很多活动，如图1-29所示。广场上的活动内容丰富多样，创作者可以根据自己的兴趣和特长选择参加，从而获得得物的流量扶持和曝光机会。

（3）参加得物用短信通知的活动。作为一个不断发展的平台，得物为了吸引更多的创作者，经常会用短信发布活动信息。这些活动通常都可以获得官方的流量扶持，专门的运营人员甚至还会点评某些活动，提供专业的指导和反馈，帮助创作者更好地参加。

图 1-29

通过积极地参加平台活动，创作者不仅能够展示个人才华，还能够获取更多的发展机会，进一步提高在得物上的影响力和知名度。

第 2 章　如何找到高价值定位

在竞争激烈的市场环境中，找到高价值定位是创作者取得成功的关键。高价值定位不仅能帮助创作者在众多竞争者中脱颖而出，还能精准地锁定目标用户，提高用户黏性和转化率。

本章将深入探讨如何通过市场分析、用户研究和自我定位，找到最适合你的高价值定位，帮助你在得物上实现更大的商业价值和个人成长。

通过具体案例分析和实战经验分享，我将为你提供一系列打造高价值定位的实用方法和策略。

2.1 个人定位的基本概述

本节将详细介绍个人定位的概念，帮助你理解其重要性和作用。通过对本节的学习，你可以学会如何准确地给自己定位，找到最合适的发展方向。

2.1.1 为什么要做个人定位

在人人都是自媒体的时代，个人定位对每一位创作者都至关重要。然而，新手对这个概念可能还比较模糊。

究竟什么是个人定位？为什么需要进行个人定位呢？

个人定位是你在自媒体平台上为自己设定并明确的一个独特的身份标签。

它涵盖了你的个人特点、专长及你希望专注的内容方向。简而言之，个人定位是你的自媒体名片，清晰地传达出"你是谁，你擅长什么，你发布的动态主要集中在哪些领域"这样的信息。

通过个人定位，你能够在用户的心中迅速树立一个独特的形象，帮助他们在众多自媒体账号中迅速找到你。这就像在茫茫人海中点亮了一盏明灯，让那些与你志同道合的人能够轻松地找到你，与你产生共鸣。

个人定位还能够提高动态的质量和吸引力。在明确了个人定位后，你就能够有针对性地创作动态。你会知道哪些话题是你擅长的、哪些动态能够引起用户的兴趣。这样，你的动态会更专业、更有深度，从而吸引更多的用户关注。

另外，个人定位有助于建立稳定的粉丝群。在自媒体平台上，粉丝是创作者的重要资源。通过个人定位，你能够吸引与你的内容方向相符的用户，建立起一个稳定的粉丝群。这些粉丝会对你的动态保持高度的关注，成为你的自媒体事业的有力支持者。

通过明确个人定位，你能够清晰地认识到自己的优势和劣势，制定更有针对性的发展策略，从而实现个人价值和目标。

每一个想要入局自媒体创作的创作者都应该认真思考自己的个人定位，并在实践中不断完善和调整。

2.1.2　怎么做个人定位

自媒体创作者应该如何找到自己的个人定位呢？这并非一蹴而就的过程，但你可以从以下3个关键问题出发，逐步探索并明确自己的定位：

第一个问题：你喜欢什么和能做什么？

这是自我认知和对兴趣爱好的探索。你可以试着思考你对哪些话题、领域、技能有浓厚的兴趣，在哪些方面有专长或独特的见解。

这个问题的答案将帮助你找到自己的兴趣点和擅长的领域，为后续的动态创作源源不断地提供灵感和动力。

第二个问题：用户关注和需要什么？

在自媒体平台上，创作者必须要做的一件事是关注平台的发展趋势和热门话题，了解平台和用户喜欢什么动态，同时深入了解目标用户的需求和痛点，思考他们关注和需要什么。通过了解这些信息，你可以找到与用户需求相契合的领域和话题，提高动态的吸引力和传播效果。

所以，要想找到自己的个人定位，了解目标用户的需求和喜好是关键。

第三个问题：怎么做能加深用户的印象？

这是对如何打造个人品牌的思考。在明确了自己的兴趣和用户需求后，你要思考如何让发布的动态独树一帜，建立鲜明的个人风格和品牌形象，让用户对你产生深刻的印象。

在解答了这 3 个问题后，你的个人定位就基本明确了，具体的操作和实践方法将在 2.2 节详细介绍。

2.2 个人定位的几种方法

在明确了个人定位的重要性和基本方向后，本节将介绍几种有效的方法，帮助你进一步细化和落实个人定位。

通过这些方法，你将学会如何找到最适合自己的定位策略，从而在自媒体平台上脱颖而出，实现更大的个人价值和商业价值。

2.2.1 根据自身兴趣

人们都说兴趣是最好的老师，只有找到自己真正感兴趣的领域和话题，才会源源不断地得到创作灵感。

在探寻个人定位的过程中，选择与个人兴趣相契合的领域尤为重要。这是因为当你对某一个领域或主题充满热情时，那份热情会自然而然地驱使你投入更多的时间和精力去学习、探索。这种内在的驱动力不仅让你在探索的过程中感到快乐，还能成为你在面对困难和挑战时坚持不懈的动力源泉。

那么，如何根据自身兴趣进行个人定位呢？

首先，你需要深入探索自己的兴趣所在，思考有哪些能够让你心潮澎湃的活动和话题、平时对什么类型的内容关注得更多？在日常生活中，你对什么特别感兴趣？想象一下，将其作为职业或内容创作的主题会是怎样的情景。

例如，如果你对时尚有着浓厚的兴趣，那么可以考虑将其融入你的个人定位中，成为一名时尚博主或时尚编辑，分享你的穿搭见解和时尚品位。通过展示自己的时尚理念，你不仅能够吸引同样热爱时尚的粉丝，还能与其他时尚爱好者建立联系，进一步扩大自己的影响力。

其次，你还要有能将兴趣转化为具体的技能和知识的能力。仅仅对某一个领域感兴趣是不够的，作为创作者，你还需要通过学习和实践来提高自己在这个领域的能力。

以摄影为例，假设你对摄影有浓厚的兴趣，但是拍出来的照片总是差强人意。这是可以通过后天的努力来弥补的，你可以从 0 开始学习摄影技巧、构图原理和后期处理等知识。通过不断实践，你能更好地捕捉和呈现美好的瞬间，将兴趣转化为实际的创作成果。

这样，不仅能提高动态的质量，还能逐渐建立起个人品牌，吸引更多人的关注。

这种根据自身兴趣进行个人定位的方式，不仅能使创作过程更愉快和更充实，还能让你在自媒体领域找到独特的位置，从而实现更长远的发展。

2.2.2 根据自身具备的能力

在确定个人定位的过程中，深入审视和评估自身具备的能力是不可或缺的一环。这些能力可能源自多年的工作经验、系统的学习积累，或生活中的独特经历。

它们构成了你的独特的竞争优势，是你在市场上脱颖而出的关键。

如何根据自身具备的能力进行个人定位呢？

你需要细致地梳理自己的能力，深入挖掘自己的专业知识和实践经验。这不仅是对过去所掌握的知识的回顾，还是对未来发展方向的探索。思考一下，你在哪些领域具有扎实的专业知识和丰富的实践经验？这些能力是如何让你在特定的场合或项目中脱颖而出的？

例如，如果你擅长数据分析，并且有丰富的项目管理和团队领导经验，那么或许可以把自己定位为数据驱动的项目经理或战略咨询师。

在这个过程中，你不仅要关注自己的能力和兴趣，还要保持灵活性，根据自身的发展情况不断地调整个人定位。所以，你要制订具体的行动计划，不断地提高自己的能力，通过持续学习和实践，增强自己的专业能力和竞争力。

只有这样，你才能在激烈的竞争中保持优势，实现个人品牌的长期稳定发展。

2.2.3 根据市场需求

在做个人定位的过程中，市场需求无疑是一个至关重要的考量因素。它不仅可以为你指明方向，还能帮助你在竞争中占据有利位置。因此，深入理解和把握市场需求，对个人定位至关重要。

市场是一个瞬息万变的舞台，新的热门话题、新兴领域和潜在机会不断涌现。时刻保持对市场变化的敏锐洞察，能够帮助你及时抓住机遇，调整策略，从而实现商业价值最大化。

作为创作者，你需要密切关注市场动态和趋势，让自己的内容始终被市场所接受。市场需求面比较广，普通人可能觉得难以把握，这时聚焦于用户需求更实际、更有效。

满足用户需求是你提供商品或服务的出发点。只有深入了解并满足用户的需求，才能获得用户的信任和认可。明确用户的具体需求，可以帮助你精准定位，为他们提供更有针对性的内容。

图 2-1 所示为得物的购物类目。得物为用户提供了广泛的商品选择，特别是在服装这个大领域，得物特意分出了鞋类这个类目，以满足不同用户的需求和喜好。

在得物的发展历程中，销售鞋一直是其核心业务之一。因此，鞋类类目在得物上具有极高的权重和关注度。对于那些热衷于潮流穿搭的用户来说，鞋往往是他们打造独特造型的关键元素。得物上的鞋的种类繁多，从运动鞋到休闲鞋，从经典款到限量版，应有尽有，满足了不同用户的多样化需求。

与此同时，服装这个大领域也在得物上占据了重要地位。无论是时尚的T恤、牛仔裤，还是经典复古的衬衫、外套，得物都为用户提供了丰富的选择。用户可以根据自己的喜好和风格，在得物上找到适合自己的服装。

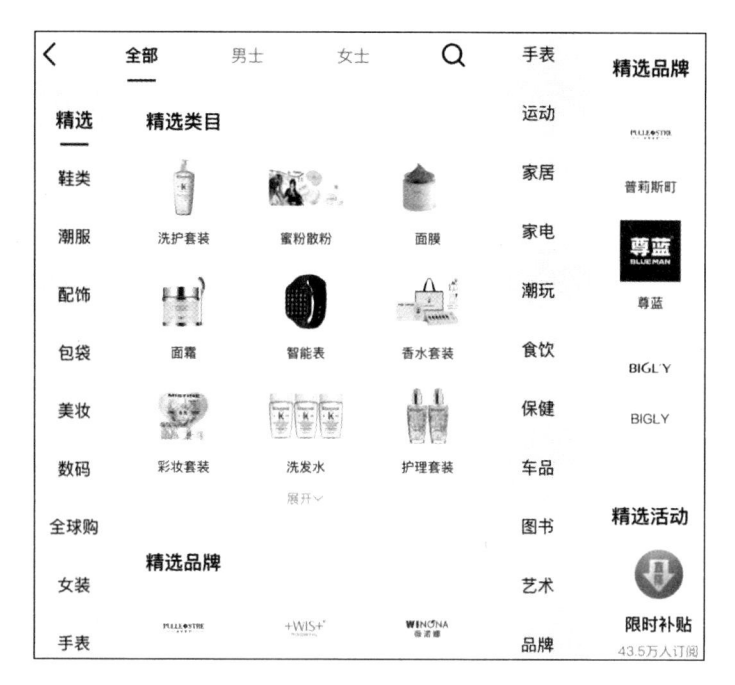

图 2-1

创作者了解得物的购物类目其实就是在了解市场和用户需求。这关系到创作者在进行个人定位时，避开一些平台暂时没有商品的领域，确保自己发布的动态能够与平台上的商品形成有效互动，从而增加动态的曝光度和用户的参与度。

在深入了解了得物的购物类目后，创作者便可以更明智地选择创作方向。例如，如果配饰类目的动态较为稀缺，但用户对配饰类目的关注度较高，那么创作者可以抓住这个机会，围绕该类目进行创作，为用户提供有价值的信息。

以穿搭为例，如果你发现很多人对如何穿搭感到困惑或无从下手，或者身材有缺陷的人不知道如何搭配衣服，那么为了满足这个需求，你可以考虑成为一名穿搭博主，提供专业的穿搭建议和搭配方案，或者开设一个穿搭教程频道，通过视频、图文等形式向用户传授穿搭技巧和知识。

这样的动态不仅能够满足用户的需求，还能引导用户关注和购买平台上的相关商品，实现动态与商品的良性互动。

在得物上进行创作时，每一个创作者都需要精心策划和打造自己的个人品牌。对于前面提到的 3 种方法，你只需要使用其中的一种方法就可以初步完成一个 60 分的个人定位。如果你同时使用两种或 3 种方法，那么你的个人定位将会更精准，有望达到 80 分，甚至更高分。

那么究竟如何同时使用两种或 3 种方法进行个人定位呢？我推荐一个非常实用的工具——SWOT 分析。

SWOT 分析是一个经典的商业战略工具，但同样适用于个人定位。通过分析自身，全面了解自己的现状，你可以找到最佳的个人定位。

SWOT 分析包括以下 4 个部分：优势（Strength）、劣势（Weakness）、机会（Opportunity）和威胁（Threat）。

1. 明确自己的优势

在得物上，这些优势可能包括独特的创意能力、专业的知识背景、丰富的创作经验、良好的人际关系等。你需要明确自己的优势，并在创作过程中充分发挥它们。

2. 识别自己的劣势

这些劣势可能包括技能不足、经验欠缺、资源有限等。通过识别劣势，你可以有针对性地改进和提高，从而增强自己的竞争力。

3. 善于捕捉机会

在得物上，机会可能来自新兴的市场趋势、用户需求的变化、平台的扶持政策等。你要善于捕捉这些机会，及时地调整自己的定位和方向。

4. 识别威胁

威胁可能来自竞争对手的崛起、市场环境的恶化、政策的变化等。通过识别威胁，你可以提前做好准备，降低风险。

第 2 章 如何找到高价值定位

在进行 SWOT 分析时，你可以将前面介绍的 3 种个人定位方法融入其中。

例如，在优势部分，你可以分析自己的能力如何满足市场需求；在劣势部分，你可以分析自身能力和条件上的一些不足，并思考能否通过学习、实践等方式来克服这些不足，从而增强自身的竞争力；在机会部分，你可以关注市场趋势和用户需求的变化，找到适合自己的个人定位；在威胁部分，你可以分析竞争对手的优势和劣势，以及市场环境的变化对自己的影响。

通过 SWOT 分析，你可以全面了解自己在得物上的优势和劣势，以及面临的机会和威胁。这样，你就可以结合两种或 3 种个人定位方法，制定出一个精准的个人定位策略，从而在得物上脱颖而出。

如果你觉得上面的内容只是停留在书面上，那么下面列举几个具体的例子来说明。

假设你现在的身份是一个宝妈，想做母婴类的内容。你在纸上画出的 SWOT 分析图如图 2-2 所示。

身份	目标领域	优势	机会
宝妈	母婴领域	具备丰富的育儿经验和母婴知识	市场需求大
		劣势	**威胁**
		时间被切割成无数碎片 得物上没有可供带货的商品 个人形象的塑造难	创作压力大，不是特别具有竞争力

图 2-2

你的优势无疑是明显的——具备丰富的育儿经验和母婴知识，能够凭借这些经验和知识，为那些在育儿道路上摸索的家长提供宝贵的建议。

在这个信息爆炸的时代，母婴市场的需求旺盛，机会很多。

然而，正如硬币的两面，劣势同样不容忽视。作为一个宝妈，你的时间被家庭琐事和照顾孩子所占用，每天的时间都被切割成了无数的碎片。这导致你很难有充足的时间和精力深入研究某个领域或精心策划内容。

同时，你之前并未涉足自媒体领域，对于如何吸引用户、如何保持更新频率等都感到迷茫。

更为棘手的是，得物上几乎没有可供带货的商品。这意味着即使能够创作出优质的内容，也很难将其转化为实际的收益。在这样一个竞争激烈的时代，如果创作者无法将内容与商业价值相结合，那么很难在这个领域长久立足。

你面临的威胁也很大：目前，这个赛道的博主很多，很多内容都很成熟。作为一个新手，你的创作压力是很大的，不是特别具有竞争力。

当威胁和劣势不可以人为改变时，这个领域就没有做的必要了。

对于同样的身份，如果目标领域换成家居领域会怎么样呢？SWOT 分析图如图 2-3 所示。

身份	目标领域	优势	机会
宝妈	家居领域	对家居布置和收纳有着丰富的经验 对家熟悉和具有敏锐的观察力	市场需求十分旺盛
		劣势	**威胁**
		专业知识不足 时间相对紧张	创作压力大

图 2-3

你对家居布置和收纳有着丰富的经验，每当需要创作与家居相关的内容时，都能迅速而准确地找到所需的物品，甚至能迅速洞察出物品的优劣之处。

对家熟悉和具有敏锐的观察力，使你在家居内容创作上拥有得天独厚的优势，而且综合平台的分析，你深知当代年轻人对家居生活的热爱和追求，家居内容的市场需求十分旺盛。

你也有劣势。比如，你不是家居设计或相关专业出身的，因此在家居设计理念方面可能存在知识空白。同时，作为宝妈，你的时间相对紧张，既要照顾家庭，又要创作，还是很有挑战性的。

同样，这个赛道的博主也很多，内容也都做得很精美了。作为一个新手，你的创作压力也很大。

但是，这些劣势和威胁并不是无法克服的障碍。

对于专业知识不足，你可以借助网络资源进行学习，不断地提高自己的专业素养。正是因为这样，在前期，你可以只分享，不输出干货，为自己打造一个不断学习和成长的人设，提高粉丝黏性。对于时间相对紧张，你可以充分利用碎片化的时间，抓住每一个空闲的时间段进行拍摄和文案撰写。

那么，这个领域就值得你做，而且因为机会很大，所以在这个领域能很快做出成绩。

借助 SWOT 分析，你可以很快地知道自己能做什么、不能做什么、做什么可以有更长远的发展。

在每个人的生活中，都会有一些特定的标签或身份。虽然这些标签和身份可以帮助你做个人定位，但是对于刚开始尝试做个人定位的新手来说，这可能会给他们带来困惑，因为他们可能觉得自己在很多方面都具备潜力，却不知道该选择哪个方向，对哪个方向又都想尝试。

在这种情况下，你需要做出明智的选择。不要试图一下子涵盖所有可能的领域，而要找到那个真正代表你并且你能够持续输出的领域，然后专注于它。这样，你才能在这个领域建立起专业性和信誉。

随着时间的推移和经验的积累，你可以逐渐扩大范围，让内容覆盖更多的领域，并吸引更广泛的用户。在这个过程中，确保你的核心价值保持不变至关重要。这个核心价值是你的所有内容的核心，是让人们记住你的关键所在。

保持核心价值非常重要，这是确保你的账号能够持续发展的关键。只有保持核心价值，你才能在众多竞争者中脱颖而出，吸引更多的关注者。同时，你需要不断学习和进步，以适应市场的变化，满足用户的需求。

2.3 如何让个人定位更突出

在完成了个人定位后，如何确保你的个人定位不仅清晰、明确，还能在竞争激烈的市场中更突出？

这就是本节需要探讨的问题。本节将介绍一些实用的策略和技巧，帮助你强化个人品牌的辨识度和吸引力。

2.3.1 先窄后宽

要想让个人定位更突出，一个关键的定位策略是"先窄后宽"。在账号的初始阶段，你不要急于追求广泛的覆盖，而要选择从一个具体、细致的领域切入，将焦点集中在某一特定的目标人群或问题上。通过深入研究某一领域、某一群体或某一问题，你能够更准确地把握目标用户的需求、偏好和痛点。

深入的洞察不仅能帮助你创作出更贴近目标用户的内容，还能使你更自信地与他们建立联系，传递你的价值和理念。比如，如果你专注于某一特定类型的时尚风格或某一特定的护肤问题，那么通过提供深入且专业的内容，你就能够建立一个忠实的用户群。

以下几个账号就很好地诠释了这一点。

第一位博主在众多穿搭话题中选择了鞋这个细分领域创作自己的主要内容。她不是专门研究球鞋技术或者球鞋历史的博主，而是关注日常穿搭中常见的鞋的博主，如图 2-4 所示。

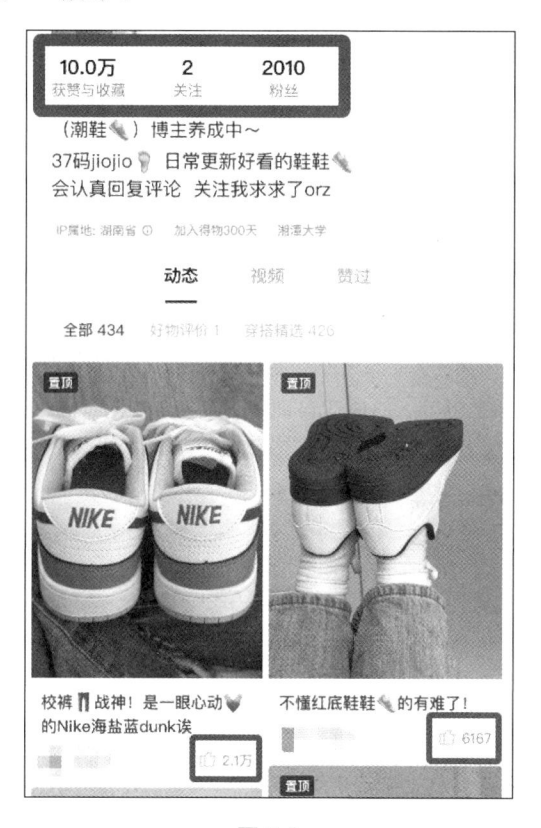

图 2-4

她的粉丝只有 2000 多个，但整体的点赞数和收藏数已经达到了 10 万次，而且她置顶的两篇动态的点赞数都很多，整体数据表现得很好。

她发布的动态几乎全部围绕鞋展开，很少展示全身的穿搭效果，将焦点集中在鞋本身。通过这样的方式，她让用户能够清晰地看到鞋的款式、颜色和设计细节。

她的专注和独特视角吸引了大量的粉丝，发布的动态的数据相当不错。对这个细分领域的深入研究，使她在众多穿搭博主中脱颖而出，成功地树立了自己独特的品牌形象。

第二位博主在美妆护肤这个大领域中，选择了口红试色这个细分领域。虽然这样的做法可能会使得推广某些商品受到限制，但是该账号整体的数据表现得非常好。

专注于一个领域，都有哪些好处呢？

（1）专注于口红试色让该账号发布的动态具有高度的专业性和一致性。

该账号通过展示各种品牌和色号的口红，详细讲解每种口红的质地、显色度和持久度，让粉丝能够快速、准确地获取他们最关心的信息。这种专业性既提高了该账号在粉丝心目中的权威性，也使得该账号在这个细分领域中获得了强大的影响力。

（2）垂直定位帮助该账号吸引了高度精准的粉丝。

那些对口红有浓厚兴趣的用户，会因为该账号发布的专业和细致的动态而成为忠实粉丝。这些粉丝不仅对该账号发布的动态高度关注，还愿意积极互动，提供反馈意见和建议，进一步增强了博主和粉丝之间的黏性。

（3）专注于口红试色还会使这个账号在品牌合作中更具优势。

虽然这种垂直定位可能会限制该账号接受某些非相关商品的推广，但是对于那些需要精准投放的口红品牌方来说，该账号无疑是理想的合作对象。

品牌方看重该账号的专业性和影响力，愿意提供更多优质的合作资源，从而进一步提高了其商业价值。在口红品牌方投放广告时,这类专注于口红试色的账号的报价通常比美妆护肤大类账号的报价高得多。

(4)在动态创作上更高效、更有针对性。

该账号的运营者能够深入研究口红这个单一品类,持续产出高质量的动态,而不必分散精力在其他美妆护肤品类上。这不仅节省了时间和精力,还确保了每一篇动态都能够最大化地满足粉丝的需求,从而获得不错的数据。

通过这种垂直定位的策略,这位博主不仅在竞争激烈的美妆护肤领域找到了自己的独特位置,还成功地打造了一个专业、权威且充满吸引力的个人品牌。

图 2-5 所示为这位博主的主页,该博主的粉丝接近 8000 个,整体的点赞数和收藏数已经快 20 万次了,而且新发布的两篇动态的数据都很不错。

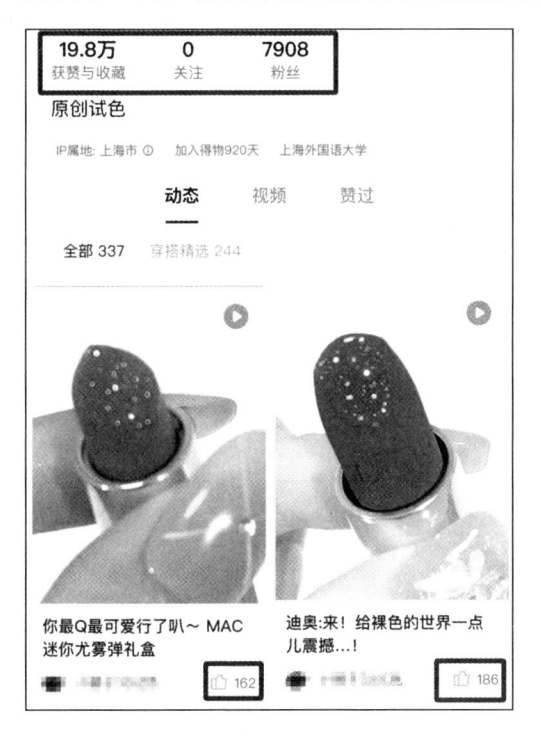

图 2-5

随着在细分领域深入耕耘，你的影响力和认可度会逐渐提高。在积累了足够的经验和资源后，你就可以逐步拓宽个人定位，延伸到更广泛的领域。

这种策略旨在打下坚实的基础，确保定位能够精准而深入地触及目标用户的内心。具体来说，先窄后宽的定位策略其实是鼓励你从一个小而具体的点开始做。

这种逐步扩张的方式可以确保个人定位始终与目标用户紧密连接，能够为你带来更多的机会和可能性。

2.3.2　寻找市场空白点或创新点

要想让个人定位更突出，找到市场中的空白点或创新点是关键。这些独特的机会不仅能让你脱颖而出，还能帮你吸引更多的关注。下面探讨一些思路和方向，帮助你在市场中发现并利用这些宝贵的机会。

关注行业趋势与前沿信息非常重要。市场不断变化，保持对最新趋势的敏锐洞察，能够帮助你发现新的创新机会。

比如，近年来环保和可持续发展的理念在护肤领域逐渐成为热点，许多用户开始关注环保商品和品牌。如果你对这类内容有一定的了解，就可以详细介绍这些商品如何在生产和使用过程中减少对环境的影响，从而吸引这类有环保意识的用户。你可以建立一个独特且有价值的内容定位，满足这个新兴市场的需求。

跨界融合也是找到市场空白点或创新点的有效策略。将两个或多个领域的内容结合，能够创造新的价值和独特的视角。例如，你可以提供美容与健康相结合的内容，满足那些不仅关心外在美，还注重内在健康的用户的需求。

我关注过一位健康美妆博主，她不仅分享化妆技巧和商品测评，还提供健康饮食建议和锻炼计划,解释如何通过内外结合保持美丽。这种跨界内容不仅丰富了她的内容库,还吸引了更广泛的用户。

另外,关注未被重视的群体也能帮助你找到市场空白点或创新点。在许多市场细分领域存在被忽视的群体,他们的需求往往没有得到充分满足。

例如,在美妆领域,许多品牌主要关注年轻女性,而忽视了男性护肤市场。分享男性护肤的基本知识、护肤商品及护肤步骤,帮助男性用户找到适合自己的护肤方案,也能吸引大量男性粉丝,逐渐在这个领域建立权威。

2.3.3 形成独特风格

要想构建并确立账号的独特风格,就需要一个明确且连贯的过程。明确你的目标用户,了解他们的兴趣、需求和喜好,将成为内容创作的基石。在此基础上,你要确定一个你熟悉并热爱的内容方向,选择一个独特的切入点,确保你的内容在海量信息中脱颖而出。

发展个性化的叙事风格至关重要。文案应该具有鲜明的个人特色,无论是使用幽默的、亲切的语气,还是使用专业的语气,都应该与你的内容方向和用户群体相契合。如果涉及视觉元素(如图片和视频),那么一致的配色方案、字体和排版,以及特定的拍摄角度和后期处理方式都非常重要。这种一致性将增强你的品牌形象和识别度。

在内容更新方面,稳定的更新频率和确定的发布时间对增加用户黏性至关重要。让粉丝知道何时可以看到你发布的新动态,有助于他们形成浏览习惯。另外,积极与粉丝建立联系也是构建独特风格的重要环节。回复评价、发私信、举办互动活动,都能拉近你与粉丝之间的距离,增加粉丝的参与感和忠诚度。

作为创作者,你应该保持开放的心态,不断地尝试和创新。你要关注行业动态和趋势，尝试创作新的内容形式、风格和主题，通过实践找到最适合自己的独特风格。

学习和借鉴是必不可少的环节。你要关注与你的领域相关的其他成功账号，学习它们的优点和特色，将这些元素融入你的风格中，形成真正属于你的独特风格。通过不断地实践、调整和优化，你的账号将逐渐展现出独特的魅力和吸引力。

2.4 用3步搞定有特色的账号装修

在确定了个人定位后，接下来就要对账号进行装修了。账号装修不仅是美化外观，还是展示个人品牌的重要步骤，包括取账号名字、选择头像、编写简介等多个方面。

本节将详细介绍如何用 3 步轻松地搞定有特色的账号装修，帮助你树立一个既专业又有吸引力的个人品牌形象。

2.4.1 如何取一个好的账号名字

账号装修的第一步无疑是起一个好的账号名字。

首先，一个好的账号名字应该能够准确地传达出账号的主题和定位。它应该像一面旗帜，鲜明地展示出你的专业方向、兴趣领域或品牌特色。这样的账号名字不仅能够让访问者迅速了解你的账号内容，还能帮助你在众多的账号中脱颖而出，形成独特的品牌形象。

图 2-6 所示的账号名字为"沐沐酱试色"，让人一看便知道这个账号主要是做口红试色的。

图 2-6

图 2-7 所示的账号名字为"穿日潮的老江",让人很容易看出该账号主要是做穿搭领域的且穿衣风格偏日系。

图 2-7

这两个账号名字中都有昵称和账号定位,用户看到账号名字就能快速地了解这个账号的内容。

其次,一个好的账号名字还应该具备吸引力。

在这个信息爆炸的时代,人们的注意力变得越来越珍贵。一个吸引人的账号名字能够迅速抓住访问者的眼球,激发他们的好奇心和兴趣,促使他们进一步了解账号内容。图 2-8 至图 2-10 中的账号名字很好地说明了这一点。"尚馨悦木"这个账号名字巧妙地使用了人们耳熟能详的成语谐音,为账号增添了一抹文化韵味,而且该账号专注于家居领域。这个账号名字与其特色定位相得益彰,不仅易于记忆,还无形中传递出家居的温馨与舒适。

图 2-8

"183 的小张"这个账号名字中的"小张"是一个简单而亲切的昵称,前缀的"183"巧妙地揭示了小张的独特之处。这不仅是一个数字,还是他的个人特色的象征,可以让人在第一时间记住这个与众不同的账号。

图 2-9

"陈一大碗饭 u"这个账号名字充满了趣味性和吸引力,仿佛让人看到了一个热情洋溢、食量惊人的形象。如此有趣的账号名字,无疑能够在众多账号中脱颖而出,轻松地吸引用户的眼球。

图 2-10

这些例子都展示了一个好的账号名字能够传递主题、突出特色并吸引用户的注意力，使账号在众多竞争者中脱颖而出。

除了上述的这些技巧，一个好的账号名字还应该是易于记忆的。

在信息快速更新的网络环境中，一个易于记忆的账号名字能够在用户的脑海中留下深刻的印象。当用户在需要时能够轻易地回忆起你的账号名字，这将极大地提高你的曝光率和影响力。

介绍了这么多，肯定还有人不知道该怎么取账号名字，有没有简单粗暴的办法呢？

当然是有的。

2024年有一部特别火的电影叫《热辣滚烫》。电影中的女主角的名字"乐莹"就是拆解了贾玲名字中的"玲"而衍生的。当不知道该怎么给自己的账号取名字时，你不妨也试一试这种方法。

通过拆解自己的名字，或者使用名字中的一部分进行变换和组合，你往往能够创造出既独特又易于记忆的账号名字，这种方法不仅简单、有效，还能赋予账号名字更多的个人特色。

在确定了取账号名字的方向后，你需要进一步优化细节。首先，要确保账号名字的拼写准确无误、语法规范，这样才能避免任何可能出现的误解或尴尬。其次，不建议过于追求时髦而选用一些复杂的英文名字，毕竟对于大多数中国用户来说，这样的名字既不易记忆，也不易读。

另外，账号名字的独特性同样至关重要。得物在这个方面做得尤为出色，确保了每个账号名字的唯一性，从而避免了重名的困扰。

考虑到修改账号名字的频率和限制，你在最初确定账号名字时就应该慎重。过于频繁地修改不仅会让用户难以记住你的账号，还可能因为达到修改次数的上限而错过心仪的账号名字。因此，我建议你在选定账号名字后，尽量保持稳定，以确保账号具有长期辨识度和良好的品牌形象。

为了给你提供更多的灵感，我特意准备了一些账号名字模板，如图2-11所示。这些模板涵盖了多个常见的领域。当然，其他领域的用户也可以根据这些模板进行拓展和创新，打造出更具个性的账号名字。你在取名时可以参考这些建议，找到最适合自己的独特名字。

穿搭领域	美妆护肤	数码领域	家居领域
➤ XX穿搭日记	➤ XX美妆教程	➤ XX玩转数码	➤ XX家装日记
➤ XX今天穿什么	➤ XX护肤日常	➤ XX科技前沿	➤ XX宅家日记
➤ XX微胖穿搭	➤ XX的美妆世界	➤ XX手机控	➤ XX的家居生活
➤ XX穿搭分享	➤ XX的美肤秘诀	➤ XX电脑达人	➤ XX生活指南
➤ XX的穿搭	➤ XX美丽日记	➤ XX的数码生活	➤ XX家电研究所
➤ XX穿搭记	➤ XX今天化妆了吗	➤ XX影像日记	➤ XX家电评测室
➤ 穿XX的XX	➤ XX好物分享	➤ XX数码评测室	➤ XX智能生活助手

图2-11

2.4.2 如何设计一个与众不同的头像

设计一个与众不同的头像，是展现个性和独特品位的过程。你需要明确你希望头像传达的主题和风格，这不是简单地选择图片，而是对个人品牌、兴趣爱好或情感倾向的深入探索。

在确定了主题和风格后，要选择合适的图片或图形作为头像的基础。这可以是一张精心拍摄的个人照片，展现你的真实面貌（如图2-12所示），也可以是一幅充满创意的插画，体现你的艺术品位（如图2-13所示），还可以是简洁的矢量图形，彰显你的专业形象或对应的账号名字（如图2-14所示）。抽象画是不错的选择，它能够用独特的视觉语言和表现力引起人们的共鸣与关注。

图 2-12

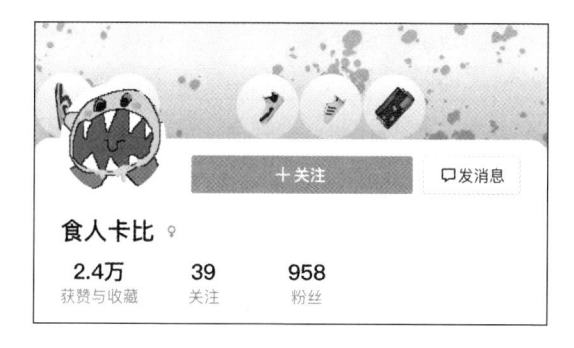

图 2-13

图 2-14

在色彩运用上，选择与主题和风格相匹配的色彩组合至关重要。色彩能够传达出不同的情感和氛围。因此，你需要根据你的主题和风格来选择合适的色彩。鲜艳、有对比度的颜色能够吸引人们的注意力，柔和、温暖的色调能够营造出温馨、舒适的氛围。

为了增加头像的个性化，你可以添加一些独特的元素，如个人标识、符号或特定的图案。这些元素应该与你的主题和风格相协调，并能够突出你的个性和特点。

例如，你可以使用你的姓名首字母或缩写来设计一个独特的个人标识，或者选择一个与你的兴趣相关的符号或图案作为头像的一部分，这些元素将使你的头像更具有辨识度和个性化。

假如你希望在网络上保持一丝神秘感，不希望直接展示自己的照片，但又想让熟悉你的朋友在第一时间就能够认出你，那么现代科技为你提供了一个绝妙的解决方案：使用AI工具，对图片进行修改与创作，将其转化为生动有趣的动画形式。这种图片一般是独一无二的。

在设计过程中，保持头像简洁是非常重要的，要避免有过多的细节和冗余的元素，以确保头像易于识别和记忆。一个简洁的头像能够让人们更快地记住你，并在众多信息中脱颖而出。

在完成设计后，不要忘记对头像进行优化和调整，要确保它在不同的设备和不同尺寸的屏幕上都能有良好的视觉效果。这包括调整头像的大小以适应不同的平台的要求，裁剪多余的部分以突出主题，增强头像的清晰度以提高视觉效果。

同时，作为创作者，你还需要注意使用的图片、图形和字体等素材的著作权问题，确保使用的素材是合法且可商用的，避免侵犯他人的著作权。这既能够保护自己的合法权益，也能够维护自己的专业形象和声誉。

在设计中，你可以通过了解不同的文化和习俗，参考专业设计师的建议来避免使用可能引起误解的元素，以确保头像能够被广泛接受和认可。

你不要害怕尝试新的风格。一个独特的头像需要时间和努力来打造，而不断尝试和创新是实现这个目标的关键。你可以尝试使用不同的设计元素、色彩组合和构图方式，以找到最适合你的头像。在这个过程中，保持开放的心态和积极的探索是非常重要的。

2.4.3 如何让账号简介更有记忆点

当开始构思和撰写账号简介时，你必须明确其核心价值。账号简介，作为账号的门面，其核心价值就是向广大的用户清晰地传达这个账号的存在意义和价值。它不仅是一段文字，还是连接你与用户的桥梁，是用户了解你、认识你、与你建立联系的起点。

具体来说，账号简介是向用户介绍你的账号是做什么的，能为用户带来什么。这是一个向外界直接展示账号功能和价值的机会。因此，你不能忽视其重要性。通过账号简介，用户可以快速地了解你的专业领域、分享的内容类型，以及可以从你的账号中获得的独特价值。

如何让账号简介深入人心，使之不仅是文字，而且能够触动用户的心灵，引发用户共鸣呢？下面分享几个具体且实用的方法。

1. 深入剖析并突出账号的核心价值和特点

这意味着你需要对账号有深入的了解，明确其定位和愿景，并从中提炼出最具吸引力、最与众不同的元素。这些元素可以是你的专业知识、独特见解，也可以是你的创意、情感投入，甚至是你的个人故事。通过强调这些独特的元素，你可以让用户感受到你的账号是独一无二的，是真正有价值的。

图 2-15 所示为我在得物上找到的一些比较具有参考价值的账号简介。用户可以通过这些账号简介快速获取关键信息，了解这个账号具体是做什么的。

2. 利用成就和亮点来吸引用户的关注

成就和亮点是向外界展示实力的重要证明。

图 2-16 所示为我在得物上找到的一些将自己过往的成就和亮点放在账号简介中的案例。

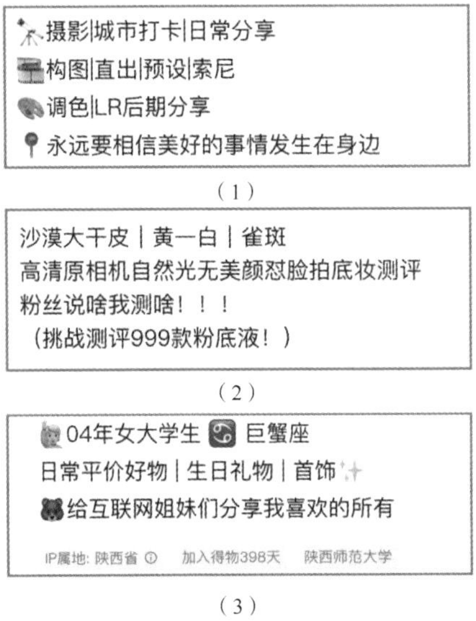

图 2-15

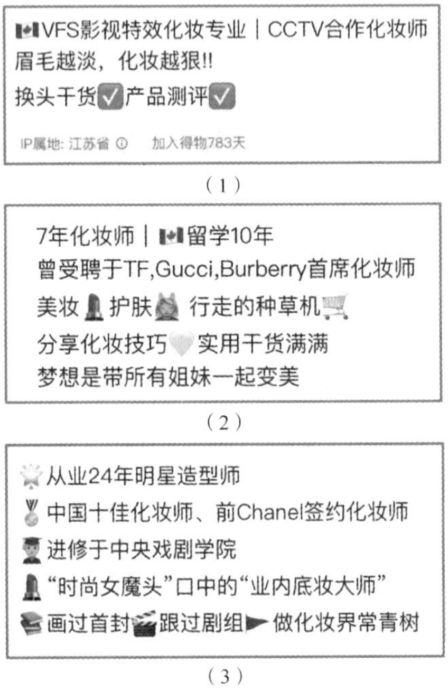

图 2-16

你可以在账号简介中提及你曾获得的荣誉或奖项，展示你的专业能力和行业地位。同时，你也可以分享账号的粉丝数、点赞数和评价数等，这些都能反映出你的影响力和受欢迎程度。

这样的数据不仅能增加账号的权威性，还能增加用户的信任度和兴趣。

以穿搭领域为例,如果你的账号定位是"时尚潮流的引领者",那么你可以在账号简介中强调这一点,并突出你的时尚感和潮流感。在美妆护肤领域,如果你的账号定位是"专业护肤指导",那么你可以在账号简介中强调你的专业知识和经验,并提供一些护肤建议和技巧。

3. 使用情感化的表达方式来引起用户的共鸣和兴趣

情感化的表达方式能够为账号简介增添更多的色彩和温度,让用户更容易与你产生共鸣,进而对你产生浓厚的兴趣,如图2-17所示。例如,你可以分享一些个人经历,表达你对某个领域的热爱和追求,甚至可以用一句简洁而富有感染力的口号来概括你的个性和风格。

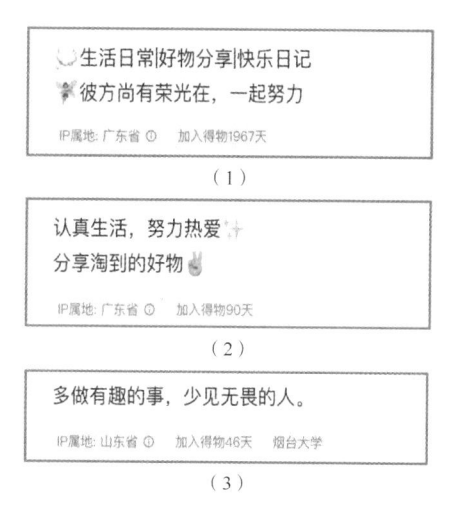

```
🐾生活日常|好物分享|快乐日记
🐝彼方尚有荣光在,一起努力
IP属地:广东省 ①   加入得物1967天
```
(1)

```
认真生活,努力热爱✨
分享淘到的好物✌
IP属地:广东省   加入得物90天
```
(2)

```
多做有趣的事,少见无畏的人。
IP属地:山东省 ①   加入得物46天   烟台大学
```
(3)

图 2-17

观察图 2-17 中的成功案例,不难发现它们有一个共同点——都巧妙地添加了一句看似简单却充满深意的话。这些话有时被人们戏称为"鸡汤",但它们所蕴含的情感化表达方式如同春风拂面,能够温柔地触动用户的内心,激发他们的热情和兴趣。

这种表达方式的魅力在于它不仅是对事实的陈述或对商品的介绍，而且通过情感连接，让用户在阅读的过程中感受到温暖，进而对账号产生更多的关注。

除了上面介绍的方法，还有其他方法可以用来吸引用户的注意力。例如，幽默感是一个很好的工具。在介绍自己或分享内容时，适度地加入一些幽默元素，可以让用户感到轻松和愉悦，从而让用户更愿意与你互动。再如，使用真诚的语气和亲切的态度，可以让用户感受到你的友善和热情，他们也会更愿意信任你，与你建立联系。

以穿搭领域为例，如果你的身材并不符合主流审美，那么在写完相应的信息后，你可以再加上一句："风格未定，舒服就好"。

这句话不仅展现了你对时尚的独特理解，而且传达出你对自我的接纳和热爱。这样的表达方式既让用户看到了你的自信和魅力，也让他们更愿意与你交流。因此，在撰写账号简介或分享内容时，不妨多尝试使用一些不同的表达方式，让你的个性和魅力得以充分展现。

在掌握了写账号简介的方法之后，我介绍一下写账号简介时应该注意的事项。

在写账号简介的过程中，要确保账号简介简洁。这是因为在当今信息爆炸的时代，人们更倾向于迅速捕捉关键信息。使用简洁而有力的语言，不仅能够帮助用户迅速了解账号的核心内容和目的，而且能在无形中增加他们对账号的信任与好感。

以"每日分享时尚穿搭，让你轻松打造个人风格"为例，这样的表述既凸显了你的账号的核心内容——时尚穿搭，又展示了你的目的——帮助用户打造独特的个人风格。用户一眼看去，就能迅速了解你的账号的价值，从而激发他们的兴趣。

同时，这样的表述还隐含了承诺和责任感。你承诺"每日分享时尚穿搭"，这显示了你的专业性和对用户的尊重。"让你轻松打造个人风格"则传达了你对用户的关怀和期望，即希望通过你的分享让用户能够轻松地找到适合自己的穿搭风格，展现自信和魅力。

以美妆护肤为例，你可以采用"专业美妆护肤指南，引领美丽新风尚"这样的表述，既强调你的专业性，又让用户产生对美的追求的期待。然后，你可以在账号简介中进一步阐述："提供科学、有效的护肤知识和化妆技巧，助力解决肌肤问题。"这样的表述不仅展示了你的专业能力，还向用户传达了你能为他们提供帮助和价值。

为了增加用户对你的账号的信任和关注，你可以在账号简介中适当地分享一些你的成功案例或用户反馈。例如，"助力200+学员成功打造个人品牌"。

另外，你还可以利用一些具体的数据来进一步展示你的专业性。例如，"拥有十年以上美妆护肤经验"这样的表述不仅展示了你的实力和经验，还能让用户更信任你。

得物的账号简介，既是信息的传递，也是与用户建立情感连接与信任的桥梁。因此，除了追求语言上的简洁，持续更新与维护同样不容忽视。随着时光的流逝，账号的内容深度与定位方向或许会发生变化，这些变化应该及时地反映在账号简介中，以便让用户感知你的成长与蜕变。

用户的反馈与需求是你前行的指南针。作为创作者，你要时刻倾听用户的声音，洞察他们的期待，将他们的意见和建议融入账号简介中，不断地优化与调整账号简介。这样，你不仅能够为用户提供更精准的信息服务，还能加深彼此之间的情感连接。

例如，你的穿搭账号从原先的季节性时尚指南逐渐转变为覆盖全年、引领潮流的时尚风向标，那么在账号简介中就必须及时地更新这个变化，让用户感受到你的新定位与新气象。同样，如果美妆护肤账号由原来的单一品类推荐变为全品类推荐，那么你也应该在账号简介中巧妙地融入这些信息。

这样的更新既能够让现有的粉丝了解账号的新方向，也能够吸引更多对综合美妆护肤内容感兴趣的新用户。

第 3 章 得物的内容生态

在当今这个信息爆炸的时代,内容生态的构建对一个平台的发展至关重要。本章将深入探讨得物的内容生态,通过分析各种类型的动态和互动模式,介绍得物如何通过动态连接用户,创造价值。

3.1 得物动态的基本规则

在得物上,创作动态始终围绕"真实分享"这个原则。创作者只有坦诚地表达自己的真实感受,才能够让动态更具深度、更具感染力,从而触动更多用户的心灵。

因此,在创作得物动态时,无论是分享购物心得、评价商品性能,还是记录生活中的点滴小事,你都需要将自己的真实感受融入其中。这样不仅能够让动态更生动、更有趣,还能够让用户产生情感共鸣。

你可以从多个角度融入真实的感受。比如,你可以描述在使用商品时的具体感受,是舒适还是不舒适?是方便还是烦琐?这些具体感受能够让用户更直观地了解商品的特点。你也可以分享购物过程中的心情,是期待还是焦虑?是满意还是失望?这些情感上的真实表达,能够让动态更具有感染力,从而引起用户的共鸣。

以美妆护肤为例,怎么着重介绍自己的使用感受,而不是直接介绍商品成分？比如，可以写"这款面霜用后肌肤水润有光泽，仿佛喝饱了水一样"，或者"这款口红颜色自然，持久度也很好，让我一整天都保持自信"。这样的分享不是简单地堆砌商品成分，更能引起用户的共鸣。

在穿搭领域，用户的穿着体验是非常重要的。比如，可以写"这件衣服的面料非常透气，即使在炎热的夏天穿着也不会感到闷热"，或者"这双鞋的设计很人性化，穿着舒适，走路也不累脚"。这样的分享能帮助用户了解商品的实际穿着效果，而不是简单地介绍商品的技术细节。

在数码领域，虽然技术细节是商品的重要组成部分，但用户的实际使用体验同样不可忽视。比如，可以写"我每次坐绿皮火车，只要带上这款耳机，就能沉浸在自己的音乐世界里，完全不受外界噪声的干扰"，这样的分享能让用户感受到商品的实际价值，而不会被很多专有名词和技术细节所困扰。

总的来说，得物动态不要太生硬。

在当前的数字时代，内容传播的形式和用户的接受度都发生了巨大的变化。因此，得物动态要自然、流畅，避免过于生硬和刻板。

随着广告的泛滥，尤其是社交媒体平台的兴起，广告的形式和内容变得愈发多样，传统的硬广告已经很难引起用户的注意和兴趣。硬广告直接、生硬，对于现代用户来说，其可读性已经大大降低。

另外，你不需要在得物这样的购物平台上过分冗长地描述商品。毕竟，用户的目的是购物，他们更关心的是商品能否满足他们的需求，而不是商品背后的科学原理或技术细节。因此，用100~200个字足够传达你对一个商品的真实使用感受，也能有效地促进消费。这样的动态既符合现代用户的阅读习惯，也符合得物的定位和需求。

3.2 避免低质量内容

3.2.1 什么是低质量内容

在各类内容创作平台上，内容的质量是评判其价值的核心标准之一。然而，这个"质量"并非单纯的主观感受，而是基于平台制定的一系列规范和标准来衡量的。这些规范旨在维护平台的生态平衡，确保用户能够在一个健康、有序的环境中浏览和分享内容。

在平台上发布作品时，创作者必须确保发布的内容符合平台制定的规范。这些规范可能涵盖了内容的形式、风格、主题及表达方式等多个方面。一旦内容违反了这些规范，或者未能达到平台对内容质量的期望，那么它很可能被判定为"低质量内容"。

简而言之，"低质量内容"就是那些不符合平台规范、不受平台"喜欢"的内容。这里的"喜欢"并非指情感上的偏好，而是指内容符合平台的价值观和运营策略。如果创作者为了追求点击量或关注度而发布了一些与平台定位不符、存在误导性或低俗化的内容，那么这些内容很可能会被平台判定为低质量内容。

低质量内容的存在不仅会影响用户的浏览体验，还可能对平台的整体形象和发展造成负面影响。因此，平台会采取一系列措施来减少低质量内容，包括但不限于限制传播范围、降低权重、直接删除。同时，平台会鼓励和支持高质量内容的创作和分享，为创作者提供一个公平竞争的环境和更多展示才华的机会。

在自媒体时代，创作者需要时刻关注平台的变化和要求，确保自己的作品能够符合平台的规范和标准，从而为用户提供有价值、有深度的内容。

3.2.2 低质量文案的特点

在得物上，创作者发布的动态的文案长度是一个需要仔细权衡的因素。

得物并不倾向于接受过于冗长的文案，因为过长的文案不仅容易让用户在快速浏览时失去耐心，而且可能导致核心信息被淹没在大量的文字中，降低信息的传播效果。

因此，一般来说，动态的文案（简称文案）长度应该控制在100～200个字，其中，稍多于100个字的文案被认为是最理想长度的文案。

需要特别注意的是，虽然得物不要求文案过长，但这并不意味着可以随意发布低质量文案。

得物强调的是动态的质量和价值，而不是单纯地追求文案的简短。因此，在撰写文案时，需要确保动态具有足够的信息价值，能够准确、清晰地传达出想要表达的信息。

什么是低质量文案呢？

我将它的特点总结为以下几点。

1. 内容空洞

在得物上，内容空洞的文案是极不受欢迎的。有些用户可能为了吸引眼球，使用大量的语气词、emoji等符号堆砌成一句话的文案，但这样的文案往往缺乏实质性的信息，没有价值。

另外，图文不符的文案也是不被认可的。用户在发布动态时，应该确保图片和文字能够相互呼应，共同传达出完整的信息。

2. 不通顺

文案的通顺性是得物非常重视的一个方面。如果文案读起来不通顺，或者文案中有很多重复的片段，那么不仅会让用户感到困惑，还会影响文案的传播效果。因此，在撰写文案时，创作者应该注重语言的流畅性和文案的简洁性，避免文案出现冗余和重复的情况。

3. 太生硬

在得物上，过于生硬的文案往往难以获得用户的青睐。商业动态本身可能就难以引起用户的兴趣，如果文案再写得过于生硬，就更会影响用户的观感。

即使是个人分享的文案，如果写得过于生硬，那么也会让用户感到不自然。因此，在撰写文案时，创作者应该注重语言的自然性和亲切感，避免使用过于生硬的语言和表达方式。

4. 无标题、只有标题而没有正文

在得物上，标题是动态的重要组成部分，不仅能够概括动态的主旨，还能够吸引用户的注意力。

如果动态没有标题，或者只有标题而没有正文，那么用户就无法从动态中获取有价值的信息。因此，在发布动态时，用户应该确保标题和正文都完整、有信息价值，能够引起用户的兴趣。

5. 内容搬运

得物一直致力于打造自己的内容生态，因此不支持从其他平台上搬运内容。有些用户可能会将其他平台的内容直接复制到得物上发布，这样做不仅违反了得物的规定，还可能影响内容的质量和观感。

另外，简单的二次创作（如改变字体等）也是不被接受的。因此，用户应该注重原创性，创作出具有自己独特风格和特点的文案。

6. 诱导点击

在得物上，诱导点击的行为是严格被禁止的。例如，在文案末尾使用诱导用户关注的词语等，都是不被允许的。

这些行为不仅违反了得物的规定，还可能对用户造成不良影响。因此，在撰写文案时，创作者应该避免使用任何诱导点击的词语和表达方式。

在撰写得物文案时，需要注重文案的深度和广度，尽可能提供有价值的信息，让用户在100~200个字中就能感受到内容的丰富性和吸引力。

3.2.3 低质量图片的特点

图片质量实际上主要取决于它所展现的美感。

一张高质量的图片，无论是在主题、构图、光线上，还是在意境上，都应该给人以美的享受和视觉冲击。相反，那些缺乏美感的图片，往往被视为低质量图片。

为了帮助你更好地理解什么是低质量图片，下面列出了一些常见的例子。

1. 图片比例失调

得物对创作者上传的各类内容，尤其是图片的规格有着极为细致和明确的要求。其中，关于图片的比例，得物特别强调了竖版宽高比3∶4的规范。这个比例不仅符合手机屏幕的显示习惯，还能确保图片在各类设备上的展示效果达到最佳。

然而，如果创作者在上传图片时未能严格遵循这个比例要求，那么图片的展示效果将可能大打折扣，如图3-1所示。想象一下，当用户在得物的推荐页浏览时，那些不符合宽高比3∶4的图片（如过于宽扁或高窄的图片）将与页面上的其他动态显得格格不入。

这样的图片不仅会影响用户的浏览体验，让他们在快速浏览时感到不适，还可能因为视觉上的不和谐，减少用户对动态的关注，进而使得这些图片的传播效果受到影响，无法有效地传递创作者想要分享的潮流信息或商品特色。

图 3-1

2. 非真实拍摄的图片

有些创作者为了省事，想快速发布动态，直接把商品详情页截图作为动态发布，如图 3-2 所示。虽然这些图片通常是品牌方精心制作和发布的，但是无法体现出创作者个人的视角和审美，往往缺乏真实性和独特性。

创作者的独特体验和感受是分享的重要价值，而简单的截图很难传达出这种个性化的信息。

同时，截图可能涉及著作权问题，给创作者带来不必要的麻烦。商品详情页上的图片通常受到著作权保护。创作者在没有得到明确授权的情况下擅自使用这些图片，可能会侵犯品牌方的著作权。

图 3-2

3. 构图杂乱无章

一张好的图片应该有明确的主题且构图合理。如果图片中的元素杂乱无章地堆放在一起,就会失去美感,甚至让人找不到重点,如图 3-3 所示。这样的图片不仅无法传达出任何有价值的信息,还会让用户感到困惑和不适。

另外,画面的光线也是影响图片质量的重要因素。如果画面过暗或光线不足,就会导致图片的细节模糊、色彩暗淡,甚至可能出现噪点等瑕疵。这样的图片不仅难以吸引用户的注意力，还会让用户在视觉上感到不适。因此，在拍摄图片时，你应该注意选择合适的光线条件，确保画面明亮、清晰、色彩鲜艳。

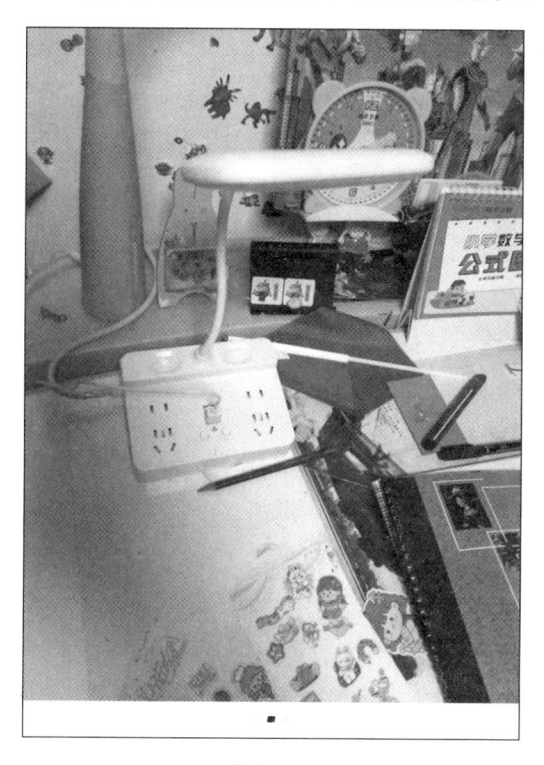

图 3-3

4. 拍摄随意且背景混乱

在拍摄图片的过程中，不少创作者过于随意，往往忽略了对背景的选择和画面的整洁度，如图 3-4 所示。这种缺乏规划和考量的拍摄方式，常常导致图片的视觉效果不尽如人意。

背景混乱，甚至包含一些与主题无关的元素会让图片想要传达的核心信息在一定程度上受到影响，从而降低其整体的呈现效果。

画面的整洁度也是影响图片质量的重要因素。

图 3-4

3.3 得物鼓励的发文方向

介绍完需要"避雷"的地方,下面介绍得物鼓励的发文方向。

第一类:有信息增量

什么是"有信息增量"呢?简单来说,就是用户在浏览你的动态时,能够从中获取到他们之前不知道或未曾深入了解的信息或知识。这类动态通常具备以下特点:

(1)基于当前热点事件或话题,但不止于此。在讲述这些事件或话题时,可以加入一些鲜为人知的细节或背景信息,使动态深入和全面。例如,当讨论某部热门电影时，不仅提及票房和口碑，还分享幕后花絮或导演的创作理念。

（2）包含个人经验和技能。这些可以是工作中积累的专业知识，也可以是生活中掌握的实用技巧。通过分享这些知识和技巧，创作者可以帮助他人拓宽视野，提高能力。

第二类：富有观赏价值

在这个信息爆炸的时代，无论是图文还是视频，它们所呈现出的美感、情感及故事性，都是吸引用户观看的重要因素。

观赏价值的高低直接关系到用户是否愿意投入时间和精力阅读或观看你的动态。如果长时间输出那些观赏价值不高的动态，那么既无法引起用户的兴趣，也难以在竞争激烈的自媒体平台上脱颖而出。长期如此，平台自然会减少对你的动态的推荐，从而影响你的动态的曝光量和用户黏性。

第三类：具备独特的创新点

在自媒体领域，爆款内容往往容易引发模仿热潮，这确实能带来一部分的流量和关注。然而，当创作者都开始写同一主题、采用相似的内容形式时，用户的兴趣便会逐渐减少。

此时，如果你能换一个思路，从独特的角度切入，找到与众不同的创新点，那么你发布的动态就有可能在众多模仿者中脱颖而出。创新的动态不仅能吸引用户的眼球，还能引起用户的共鸣和思考，从而提高你的影响力。得物对动态同质化的现象是持警惕态度的，因此具有创新点的动态更容易得到得物的青睐和推荐。

第四类：符合得物当下的平台调性

平台调性可以被理解为平台的风格和气质，决定了平台用户的喜好和平台所推崇的内容类型。对于创作者来说，如果你发布的动态能够符合平台调性，就有可能被平台推荐,从而吸引更多的目标用户。

平台调性包括平台的用户群体、内容类型、推荐算法等多个方面。这些都是你作为创作者需要深入了解和掌握的。

第五类:社区内真实的用户体验

这些体验可以来自创作者在日常生活中的真实经历,也可以是在使用某个平台或商品时的真实感受。有大量的创作者分享他们在得物上的购物体验、使用心得及赚钱经历等。这些之所以能够获得较多的互动和平台推荐,是因为它们真实、有代入感,能够引发用户的共鸣和兴趣。

第4章　第一篇动态如何快速获得推荐

在自媒体时代，获得平台推荐对于创作者来说至关重要。如何在众多内容中脱颖而出，迅速获得平台的推荐，是每个创作者都需要掌握的关键技能。本章将深入探讨如何通过优化内容质量、精准把握用户需求及灵活运用平台算法，快速获得平台推荐。

4.1 动态的构成部分

在得物上，动态有图文和视频两种形式。本节将详细探讨得物动态的各个组成部分。

1. 图文动态

图文动态是用户最常用的一种形式，主要由以下几个部分组成，如图 4-1 所示。

（1）标题：标题是图文动态的灵魂，概括了动态的主要内容，引导用户点击和浏览。一个好的标题应该具备吸引力、概括性和独特性，能够在众多动态中脱颖而出。

（2）正文文案：正文文案是图文动态的主体部分，详细描述了创作者想要分享的内容。正文文案可以包含文字、表情、符号等元素，通过生动的语言和个性化的表达方式，让用户感受到创作者的真实情感和独特见解。

（3）图片：图片是图文动态的重要组成部分，能够直观地展示物品的外观、细节和使用场景。在得物上，用户可以上传多张图片，通过多角度、多场景的展示，让物品更生动、更立体地呈现在用户面前。

（4）图片文案：图片文案是对图片的补充和解释，能够进一步强调物品的特点和优势。通过简洁的文字描述，用户可以更深入地了解物品的使用方法和搭配技巧。

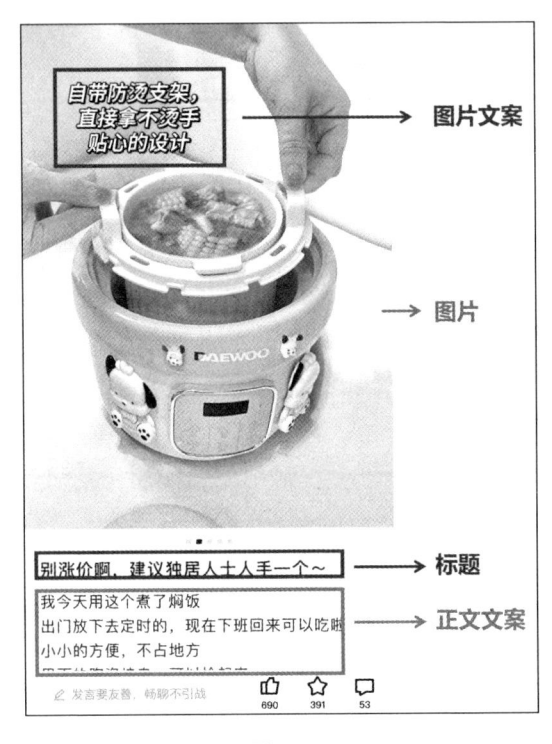

图 4-1

尽管社交媒体平台在创作者分享和交流上有许多共通之处，但得物动态与小红书笔记之间确实存在显著差异。

在小红书上，创作者通常会花费更多时间和精力制作图片，将使用心得、购物体验和搭配技巧等直接添加在图片上。得物作为一个专注于时尚、潮流和生活方式的平台，其用户更喜欢简洁、直观和真实的动态。在得物动态中，图片是传达信息的主要手段，通常以高清、生动的形式直接展示商品的外观、细节和使用场景。

图片文案的主要作用是补充图片信息，而不是取代图片。因此，图片文案应该尽量简洁，避免使用过多文字描述，特别是用于强调卖点或装饰的花哨文字，甚至不需要在图片上添加任何文案，过多的文字会影响用户的视觉体验，降低图片传达信息的效率。

2. 视频动态

视频动态比图文动态更生动、更直观，能够全面地展示物品的特点和使用场景。视频动态主要由以下几个部分组成，如图4-2所示。

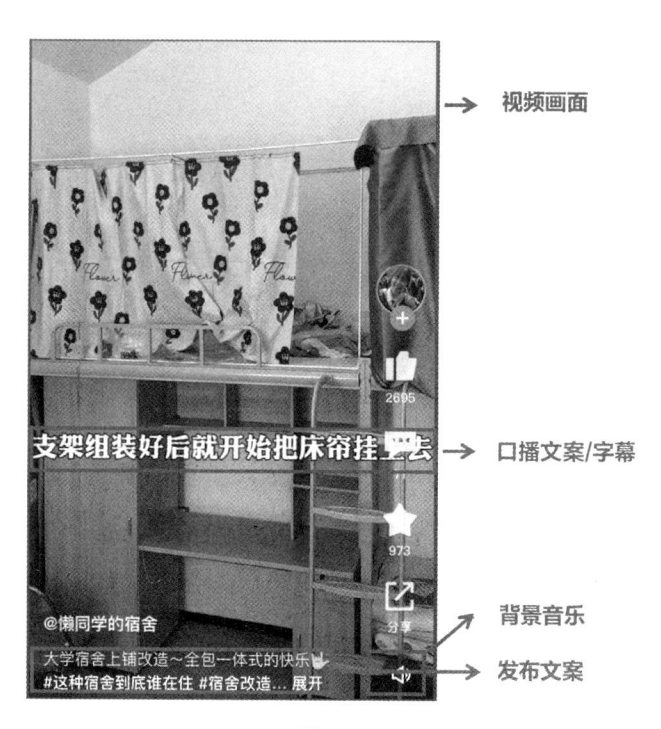

图 4-2

（1）视频画面：视频画面是视频动态的核心部分，通过连续的图片和动作，展示了物品的外观、功能和使用效果。在得物上，创作者可以上传高清、流畅的视频画面，让用户更真实地感受到物品的使用体验。

（2）口播文案/字幕：口播文案是视频动态中的语音解说部分，通过声音和语调，传达了物品的特点和使用方法。口播文案应该简洁、生动有趣，能够吸引用户的注意力并引导他们深入了解物品。字幕是能够在视频画面上展示的文字信息，能帮助用户更好地理解口播内容。

（3）背景音乐：在得物上，创作者可以添加与视频动态相符的背景音乐，让视频更生动、更有趣；背景音乐能够为视频动态营造出不同的氛围和情绪，让用户沉浸在视频中。

（4）发布文案：发布文案是视频动态的简短描述或总结部分，概括了视频的主要内容并引导用户点击、观看。发布文案应该简洁、具有吸引力。

4.2 如何写一篇好的得物文案

本节的文案主要是指图文动态的正文文案，以及视频动态的口播文案。

4.2.1 写文案的基本技巧

文案，作为得物动态的核心文字部分，其重要性不言而喻。它不仅是吸引用户注意力的关键，还可以引导用户行为、促进用户互动及提高转化率。因此，在得物上撰写文案时，创作者需要格外注意以下几点。

1. 文案的结构和分段至关重要

一个优秀的文案应该具备清晰的结构，段落之间逻辑连贯，能够让用户一目了然地了解动态的重点。同时，创作者还需要注意段落的长度，避免段落过长导致用户阅读疲劳，也避免段落过短让动态显得零散。适当地分段不仅能够提高文案的易读性，还能够帮助用户更快地找到感兴趣的信息，从而提高用户的阅读体验。

2. 注重文案的实用性和价值性

在撰写文案时，创作者应该尽量提供一些对用户有用的信息、建议或技巧，帮助用户解决问题或满足用户需求。这样的文案更容易引发用户的共鸣，得到用户的认可，进而促进用户互动，提高动态的曝光量和转化率。

3. 重视动态的价值和信息量

在这个信息爆炸的时代，用户对动态的要求越来越高，希望能够通过有限的时间获取更多的信息。因此，高信息价值的动态和视频动态在得物上更受欢迎。作为创作者，你需要不断地提供有价值的动态，满足用户的学习、娱乐和消费需求，同时确保信息的准确性和可信度，以赢得用户的信任和认可。

4. 注重与账号的人设相契合

得物上的用户对专业性、个性化、有品质的动态有着极高的要求。因此，在撰写文案时，创作者需要深入了解并准确把握自己账号的人设，确保文案的风格、语气、内容与账号的人设保持一致。人格化的账号更容易与用户建立情感连接，因为用户会觉得这样的账号更真实、更贴近自己的生活，从而更信任和依赖它。

然而，如果文案与账号的人设不符、缺乏足够的信息量和干货，或者视频动态观感不佳，那么很难引起用户的兴趣和共鸣。另外，如果在图片或视频中出现了竞品防盗扣或 Logo，或者发布了错误信息或晒假货，那么不仅会损害账号的形象和信誉，还会受到得物的限制或惩罚。因此，在撰写文案时，创作者需要严格遵守得物的规定和要求，确保文案的质量及其真实性、准确性。只有这样，才能够在得物上赢得用户的信任和喜爱，实现动态的广泛传播和品牌的持续发展。

4.2.2　用 7 种标题撰写技巧提高你的点击率

你肯定了解标题的重要性吧！它不仅是动态的灵魂，还是吸引用户注意力的关键。一个精心构思的标题，能够瞬间吸引用户的眼球，引导他们深入阅读你的动态。

你需要明确标题的使命：尽可能清晰地阐明动态的价值。在得物上，标题的字数限制是 40 个字，但用户在页面上只能看到前 20 个字。因此，在撰写标题时，你要特别注意标题不能过于冗长，以免重要信息被隐藏，影响用户的阅读体验。相反，你应该将重要信息前置，确保即使只展示前 20 个字，也能准确传达出动态的核心价值。

我总结了以下 7 种撰写标题的技巧。

1. 合理地使用数字

数字在标题中起着极其重要的作用。它们就像指南针，让用户在茫茫的文字海洋中迅速找到焦点。当用户阅读一篇长文或浏览一系列动态时，那些包含数字的标题往往会更快地引起他们的注意。

在标题中巧妙地使用数字，不仅可以快速引起用户的注意，还可以让他们迅速获取想要的信息，进而对动态产生兴趣，如图 4-3 所示。图 4-3（1）所示的标题通过数字"7"清晰地传达了商品的价格，让用户一下子就被低价吸引了。图 4-3（2）和图 4-3（3）所示的标题也用数字得到了不错的互动数据。

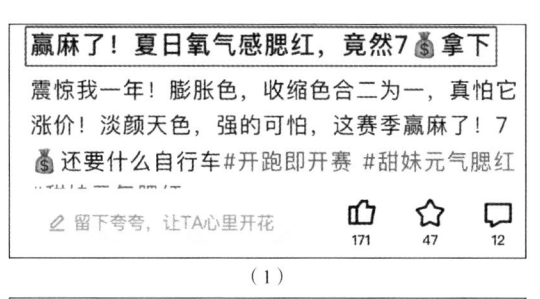

第4章　第一篇动态如何快速获得推荐

```
赢麻了！夏日氧气感腮红，竟然7💰拿下
震惊我一年！膨胀色，收缩色合二为一，真怕它
涨价！淡颜天色，强的可怕，这赛季赢麻了！7
💰还要什么自行车#开跑即开赛 #甜妹元气腮红
  留下夸夸，让TA心里开花      👍171  ⭐47  💬12
```
（1）

```
170 90斤的真实live图｜主持人运动ootd
在拍广告时，化妆师帮我侧面拍的一些花絮记
录，
看到这几张live才发现自己最近真的瘦了好多，
少食多餐效果真的好，
  留下夸夸，让TA心里开花      👍561  ⭐81  💬34
```
（2）

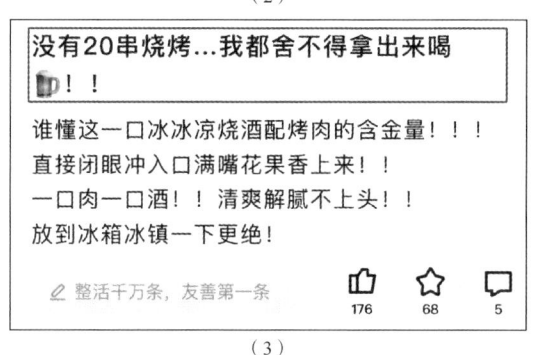

```
没有20串烧烤…我都舍不得拿出来喝
🍺！！
谁懂这一口冰冰凉烧酒配烤肉的含金量！！！
直接闭眼冲入口满嘴花果香上来！！
一口肉一口酒！！清爽解腻不上头！！
放到冰箱冰镇一下更绝！
  整活千万条，友善第一条      👍176  ⭐68  💬5
```
（3）

图 4-3

2. 使用问句作为标题

通过提出一个问题，你可以让用户对动态产生浓厚的兴趣，引导他们深入了解和探究。这种形式的标题往往能够激发用户的求知欲和好奇心，让他们更有动力点击标题，寻找答案。图 4-4（1）所示的标题通过提出一个问题，引导用户思考并让用户产生好奇，从而让用户想点击来一探究竟。图 4-4（2）和图 4-4（3）所示的标题也都通过提出问题的方式，吸引用户的目光。

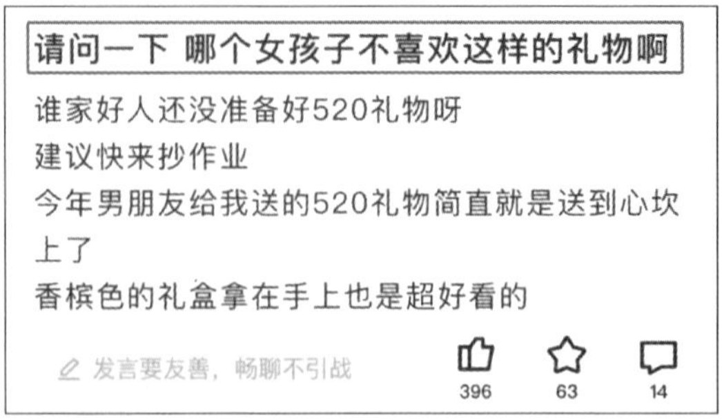

```
┌─────────────────────────────────────────┐
│ 请问一下 哪个女孩子不喜欢这样的礼物啊      │
│                                         │
│ 谁家好人还没准备好520礼物呀              │
│ 建议快来抄作业                          │
│ 今年男朋友给我送的520礼物简直就是送到心坎 │
│ 上了                                    │
│ 香槟色的礼盒拿在手上也是超好看的         │
│                                         │
│  发言要友善，畅聊不引战    👍  ⭐  💬    │
│                          396  63  14    │
└─────────────────────────────────────────┘
                  （1）

┌─────────────────────────────────────────┐
│ 三分钟出门早八上学怎么穿~                │
│                                         │
│ 👟: aj3白橙黄                           │
│ 对深色系的衣服真的很有好感！             │
│ 可盐可甜的感觉~而且背后的字母也好可爱~   │
│ 版型也很宽松就很显瘦aj3搭配真的卷死了！  │
│ 超级适合女生一款 aj3白色搭配亮眼色黄色有一│
│                                         │
│  发言要友善，畅聊不引战    👍   ⭐   💬  │
│                         5683 1007  57   │
└─────────────────────────────────────────┘
                  （2）

┌─────────────────────────────────────────┐
│ 才60元！为什么我上学的时候没有这双！     │
│                                         │
│ 粉粉嫩嫩的小香风板鞋                    │
│ 谁能想到只要60元                        │
│ 这双上脚我太喜欢了                      │
│ 不管是搭牛仔裤还是小裙子都超好看！       │
│ 性价比太高了                            │
│                                         │
│  妙评超欢迎，友善要先行    👍   ⭐   💬  │
│                         1267  681  59   │
└─────────────────────────────────────────┘
                  （3）

                  图4-4
```

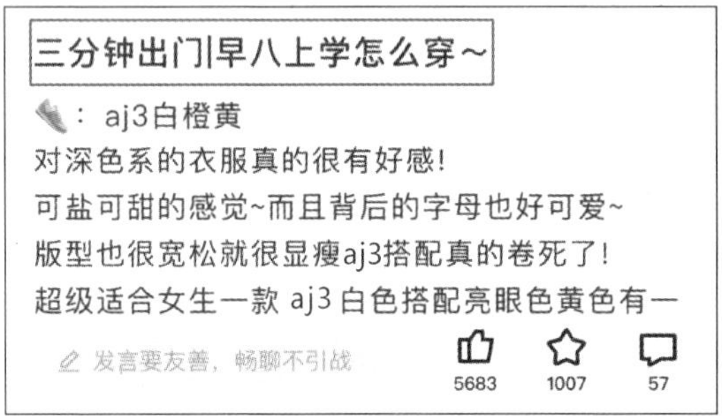

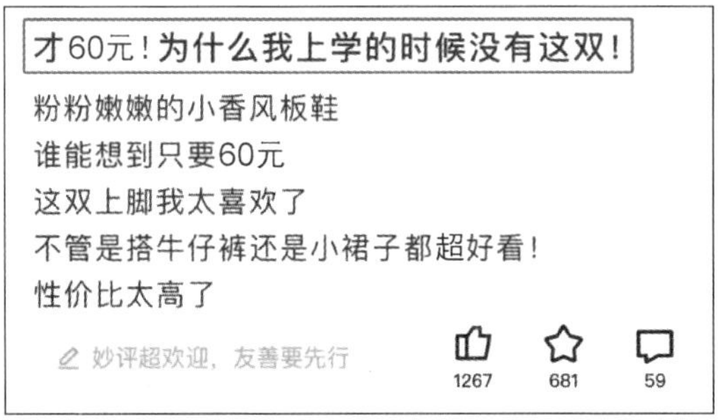

3. 借热点的势

在当今这个信息爆炸的时代，热门话题和事件总是能够迅速引起大量关注。因此，在撰写标题时，你可以巧妙地将这些热门话题和事件融入标题中，利用它们的影响力来吸引用户的目光。这样做的好处是显而易见的，不仅能够快速增加动态的曝光量，还能够有效地提高点击率。

具体而言，热点可以包括各种热门话题、社会事件、重大新闻、流行文化等。例如，当某个明星的新作品成为公众关注的焦点时，你可以在标题中巧妙地引用这位明星的名字，以此吸引用户的关注。同样，当某个社会事件或重大新闻发生时，你也可以迅速地将相关话题融入标题中，以此吸引广大网友的关注和讨论。图4-5所示的标题都是借热点的势的标题。

（1）

你可以永远相信幂式穿搭！

HiHi！夏天马上到了 因此小咚精致宝宝当然又要开始与紫外线做斗争了！

一直想get新的防晒衣
碰巧看到了大幂幂子的广告！幂式look一直都走

妙评超欢迎，友善要先行   1646 396 61

（2）

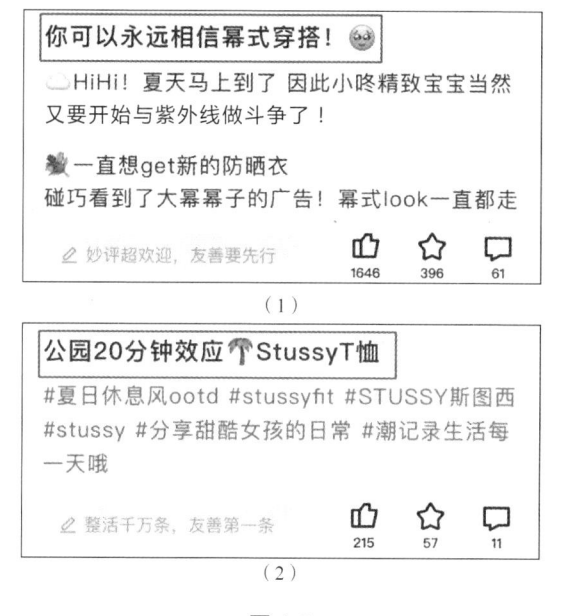

公园20分钟效应 StussyT恤

#夏日休息风ootd #stussyfit #STUSSY斯图西 #stussy #分享甜酷女孩的日常 #潮记录生活每一天哦

整活千万条，友善第一条   215 57 11

图4-5

4. 找到情感共鸣

在撰写标题时，你可以尝试从用户的情感角度出发，找到与他们产生共鸣的点。这种写法能够迅速拉近用户与你之间的距离，让他们产生强烈的认同感，从而更关注你的动态。

为了产生情感共鸣，你需要深入了解目标用户的心理需求和情感状态。例如，当面对的是年轻人群时，你可以关注他们的成长烦恼、情感经历等；当面对的是职场人群时，你可以关注他们的职业发展、工作压力等。通过深入了解用户的内心世界，你能够找到与他们产生共鸣的点，并在标题中巧妙地将其呈现出来，以此吸引他们的关注和参与。

图 4-6 所示的几篇动态的标题都能够传达出要表达的情感。

```
春日里的松弛感穿搭｜自由带来的明媚和
生命力

前段时间淅淅沥沥的雨
真的太渴望天气好可以去户外溜达啦
今天难得的初晴

  评论要peace，不要beef    225  22  37
```
（1）

```
"人间骄阳刚好，风过林梢"
毕业了才开始想念学院风
好喜欢这种可搭可卸的小披肩～
#显嫩学院风穿

  发言要友善，畅聊不引战    113  21  4
```
（2）

```
谁懂啊！是收到会超级开心的生日礼物！
打开居然是一个立体的生日蛋糕耶
定制的专属留言也太有仪式感了吧！！！
下面一层有9个不同风味的茶包 都香香滴…
大冬天喝上一杯暖呼呼的果茶也太幸福噜！！

  整活千万条，友善第一条    6789  3912  41
```
（3）

图 4-6

5. 解决用户的问题或痛点

在撰写标题时，你可以对用户普遍关心的问题或痛点进行深入研究，并提出相应的解决方案或建议。这种写法能够迅速引起目标用户的关注，并让他们在你的动态中获得知识和帮助。

具体来说，你需要先明确目标用户和他们的需求，然后深入研究这些用户普遍关心的问题或痛点。在掌握了这些信息后，你就可以在标题中突出这些问题或痛点，并提出相应的解决方案或建议。图 4-7（1）所示的标题让用户一看便知这篇动态是详细的化妆过程。图 4-7（2）和图 4-7（3）所示的标题也如此，这样的标题不仅能够吸引目标用户的关注，还能够让他们在动态中获得知识和帮助，从而增加用户的留存率和互动量。

图 4-7

6. 制造悬念

这种技巧在撰写标题时特别有效,因为它能够引发用户的好奇,从而激发他们想要进一步了解的欲望。然而,在制造悬念时,你需要注意对度的把握。适当的悬念能够吸引用户的注意,但过于夸张或虚假的标题可能让用户感到失望,甚至产生反感,从而沦为所谓的"标题党"。因此,你要在保持真实性和准确性的基础上,巧妙地运用制造悬念技巧,让标题既吸引人又不过于夸张,如图 4-8 所示。

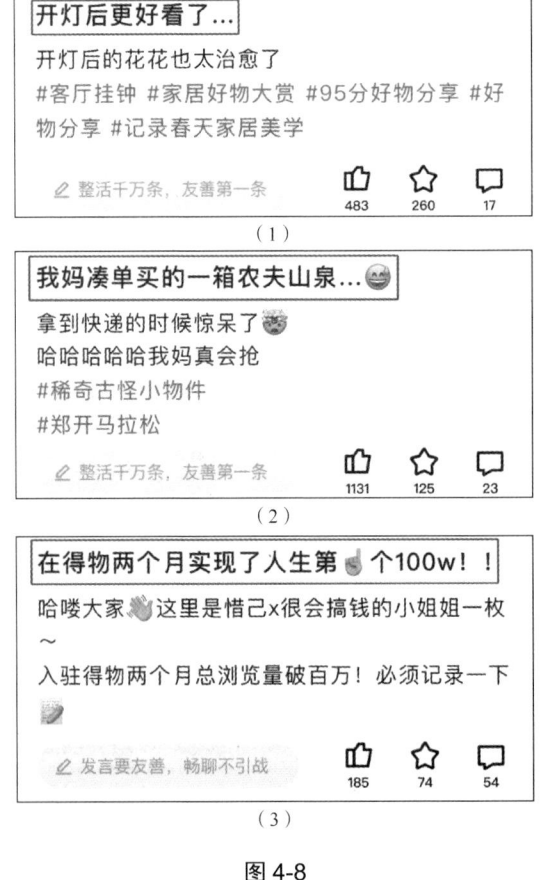

(1)

(2)

(3)

图 4-8

7. 利用对比和转折

这种技巧通过对比不同事物或观点来强调其差异和转折,从而突出独特性和价值。对比能够凸显事物的优缺点,而转折能够带给用户意想不到的惊喜。在标题中运用对比和转折技巧,可以让用户迅速了解动态的亮点和特色,从而引起他们的关注和兴趣。图4-9(1)所示的标题以"小"对"大",让用户忍不住一探究竟。同样,图4-9(2)和图4-9(3)所示的标题也通过对比制造矛盾的方式来引起用户的好奇和阅读欲望。

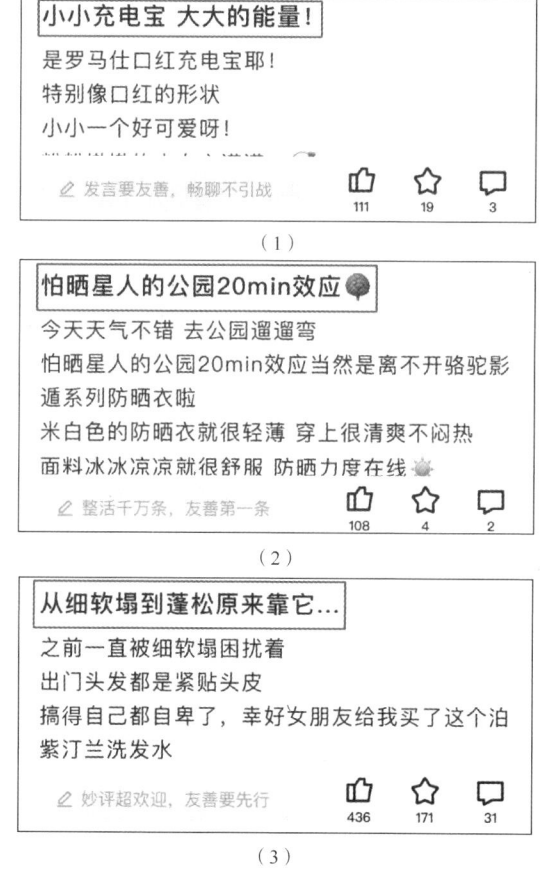

```
小小充电宝 大大的能量!
是罗马仕口红充电宝耶!
特别像口红的形状
小小一个好可爱呀!
```
(1)

```
怕晒星人的公园20min效应
今天天气不错 去公园遛遛弯
怕晒星人的公园20min效应当然是离不开骆驼影遁系列防晒衣啦
米白色的防晒衣就很轻薄 穿上很清爽不闷热
面料冰冰凉凉就很舒服 防晒力度在线
```
(2)

```
从细软塌到蓬松原来靠它…
之前一直被细软塌困扰着
出门头发都是紧贴头皮
搞得自己都自卑了,幸好女朋友给我买了这个泊紫汀兰洗发水
```
(3)

图 4-9

以上就是 7 种常见的撰写标题的技巧，它们各有特色，适用于不同的场景和需求。在实际操作中，你需要根据具体情况灵活地运用这些技巧，结合自己的创意和目标用户的需求进行个性化的标题创作。

你一定要用心去写每一篇动态的标题，确保它们既符合动态的主旨，又能够吸引用户的目光。

4.3 如何设计一张好看的图片

4.3.1 常见的封面模板

在创作动态时，封面设计无疑起着重要的作用。封面直接决定了用户是否愿意深入了解你的动态。因此，精心设计封面，确保其足够吸引人并且与动态紧密相关是至关重要的。

得物对图片的宽高比有明确的要求，即 3∶4。在制作封面时，你需要确保其符合这个宽高比，以保证展示的效果最佳。

除了宽高比，选择合适的拍摄环境和风格也至关重要。这关系到你的账号的整体调性，你需要确保封面的色彩搭配、字体选择、图片处理与动态的风格和主题相契合。一个美观、简洁、易于识别的封面能够迅速吸引用户的眼球，引导他们进一步了解你的动态。

在封面设计过程中，你需要牢记以下 3 个关键的注意要点。

1. 画面清晰有重点

封面应该清晰，能够迅速传达出动态文案的关键信息。在图文动态中，一般选取拍得最好的一张图片作为封面。在视频动态中，封面可以是视频中的一帧精彩画面，也可以是专门拍摄的与主题相关的图片。

无论如何，你都要确保封面能够突出主题，并且与动态文案紧密相关。

2. 避免封面与动态文案不符

有些创作者可能会为了吸引用户点击而制作一些与动态文案不符的封面。这种做法不仅欺骗了用户，还可能导致得物对你的动态做出低质量判断。因此，务必确保封面真实反映动态文案，避免虚假宣传。

3. 视频动态最好使用有花字的图片作为封面

这样的封面不仅能够迅速引起用户的注意，还能够通过花字传递出更多的信息，帮助用户更好地理解动态。

4.3.2 内页的基本注意点

图文动态的内页和视频动态的视频画面有着千丝万缕的联系，故而本节把这两种形式的动态放到一起介绍。

你在拍摄时要力求实现几个关键的目标，以确保动态能够吸引用户并给其留下深刻印象。

首先，拍摄的画面必须清晰，细节要丰富，确保用户能够清晰地看到每一个元素。同时，主体要突出，无论是商品、人物还是场景，都应该是画面的焦点，以便引起用户的注意。

其次，在构图方面，你要追求简洁而有力的布局，避免画面过于杂乱。干净的构图能够让用户更容易理解画面内容，同时增加视觉的舒适度。另外，你还要注重审美价值，通过色彩、光影、线条等视觉元素为用户带来美的享受。

再次，为了让动态更具有实用价值，你应该尽可能地贴近生活。以穿搭领域为例，在穿搭或姿势方面，提供贴近生活的示例能够为用户提供更具体的借鉴价值，这样的动态更容易引起用户的共鸣，让他们觉得这些技巧和方法是可以应用到自己生活中的。

自然美是一种无须过多修饰的美,源于真实,源于生活。在拍摄时,你应该尽可能地捕捉和展现自然美。这样的动态更容易获得用户的正向反馈,因为他们能够看到真实的效果,感受到真实的魅力。

最后,人物出镜也是一个重要的策略。在动态中融入个人经历、个人情感等,能够增加情感价值,让用户更容易产生共鸣和情感连接。这样的动态不仅具有实用性,还具有独特的个性化创作风格,能够让用户感受到创作者的独特魅力。

第 5 章　7 天粉丝超过 100 个，这些 "涨粉" 技巧你也可以复用

在社交媒体平台上，粉丝数往往代表着影响力和认可度。对于新创作者而言，在短时间内积累大量粉丝无疑是一个既令人兴奋又充满挑战的目标。

本章从内容创作、互动策略、标签运用等方面展开阐述，分享我用 7 天增加 100 多个粉丝的技巧。这些技巧都是经过验证的，能够帮助你迅速吸引大量粉丝，让你的创作成果得到更多人的认可和喜爱。

5.1　内容"涨粉"

在社交媒体平台上，如何有效地让粉丝数持续增加是每个创作者都关注的核心问题。内容"涨粉"不仅是提高账号曝光率和影响力的重要途径，还是建立忠实粉丝群的关键。通过创作优质、有价值且符合用户需求的动态，创作者可以显著增加粉丝数。本节将深入探讨如何通过内容"涨粉"，提供实用的方法和技巧。

5.1.1　发布平台推荐的动态

许多创作者在起步阶段都会面临一个共同的问题：什么样的动态才能获得平台的推荐？事实上，平台推荐的动态往往就是优质动态的最佳范例。这些推荐的动态不仅反映了平台算法对用户兴趣的精确把握，还展示了当前用户最关

注和最喜爱的内容类型。

那么，什么是优质动态呢？

首先，优质动态必须是真实的，不能夸大其词或虚构事实，因为真实性是建立用户信任的基础。其次，它必须是原创的，具有独特的观点和风格，这样才能在众多动态中脱颖而出。另外，优质动态还应该有特色，能够抓住用户的眼球，引起他们的兴趣和共鸣。

除了真实、原创、有特色，优质动态还需要满足用户的需求，提高用户黏性。你要深入了解目标用户，知道他们的兴趣，了解他们的需求和痛点，然后创作出符合他们期望的动态。当发现你的动态能够满足他们的需求时，他们自然会愿意继续关注你，成为你的忠实粉丝。

那么，如何发布优质动态呢？

要明确目标用户。你要清楚你的动态是为哪一类人服务的，包括他们的年龄、性别、职业、兴趣爱好等。只有明确了目标用户，才能更准确地把握他们的需求和兴趣，从而创作出更符合他们口味的动态。同时，你需要不断地关注目标用户的变化和反馈，及时地调整，确保动态始终能够吸引并留住他们。

第 3 章介绍过从窄到宽定位的账号。它们遵循了这个原则，从一个大的品类中找到一个小品类。因此，它们吸引的用户非常精准，整体的互动表现非常出色。在明确目标用户后，接下来的关键步骤是为这些目标用户提供有价值的信息。

这类动态不仅满足了用户的需求，还能为用户提供实际的帮助或启发，从而增加了用户对账号的依赖感和忠诚度。通过不断地优化和调整动态的发布策略，确保动态的高质量和相关性，创作者可以建立一个忠实且活跃的粉丝群。

以图 5-1 所示的这位博主的动态为例，只有一篇数据表现特别好的动态，而其他的表现平平，这是为什么呢？

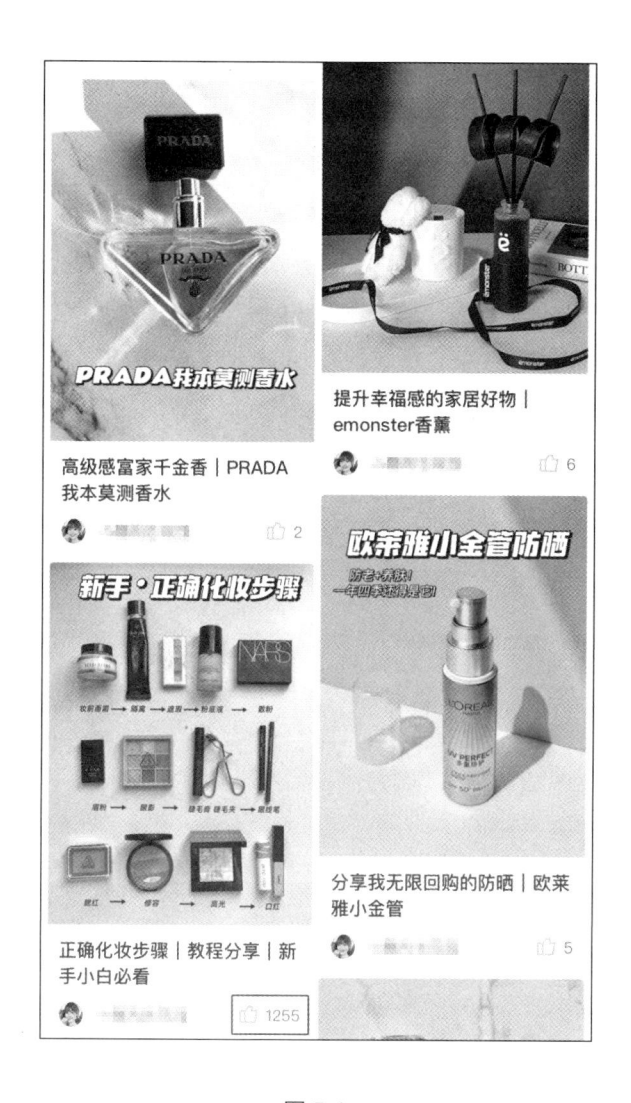

第 5 章　7 天粉丝超过 100 个，这些"涨粉"技巧你也可以复用

图 5-1

这是因为数据表现特别好的动态提供了有价值的信息，用户能从中学到东西，从而引发了互动。

如果你不知道哪些动态是有价值的，该怎么办呢？一个最简单、最有效的方法就是浏览平台的动态。浏览平台的动态可以帮助你更清晰地了解平台近期的流量集中在哪些动态上，也能让你更好地掌握平台的动向及近期的一些爆款文章情况，从中获取灵感，模仿成功的动态的创作方法，将其应用到自己的创作中。

当然，你在浏览平台的动态时，不要执着于浏览自己关注的页面，而应该浏览推荐页，尤其是你的创作领域中互动较多的动态。基于得物目前的用户数量及整体数据，互动在 100 次以上的动态都有参考价值。当然，在对标爆款文章时，你也需要注意避免盲目跟风，确保发布的动态符合你的个人定位和用户需求。这就需要你具备一定的创新性，避免简单地复制和粘贴，提供一些新颖、独特的观点。

例如，当大多数人在赞美一款粉底液时，如果你觉得它不好用，那么可以提出自己的观点，这样也能吸引一部分用户关注。当然，这必须基于实际情况，而不能随意发表意见，这里只是举一个例子。

我看到过一条非常有创意的视频，虽然不是在得物上，但是这个思路非常值得借鉴。那位博主专门做遮瑕商品测评，测评了大约 16 个品牌的遮瑕商品。很多博主直接在脸上测试，主要针对黑眼圈和痘印。这位博主别出心裁地用腿上的淤青来测试，测评出来的红榜商品与其他博主在脸部使用时测评出来的红榜商品有一定的差别。

这条视频的时长超过 6 分钟，但整体的互动数据非常优秀，而且因为内容新颖、有趣，让她"涨粉"10 万个。

除了选题本身具有吸引力，优质动态的图片和视频还要清晰、美观，并符合平台的发布标准。同时，你要避免过度营销，虽然推广自己的品牌或商品很重要，但过度营销可能会引起用户的反感。这两点在第 3 章中已经详细介绍过了，下面以热门领域的动态为例。

在日常浏览动态时，你一定会注意到在穿搭领域，封面展示为合集形式的动态的数据通常表现得更好。例如，图 5-2 所示的这位博主的许多爆款动态都是关于穿搭合集的。她的成功说明，合集形式在吸引用户方面非常有效。

图 5-2

这种形式不仅适用于穿搭领域，还可以被广泛地应用于其他领域。比如，美妆领域。如图 5-3 所示，合集形式的动态比单品的动态的整体互动数据要高很多。当然，除了合集形式，真实的测评动态也非常受欢迎，如单品试色、红黑榜、对比测试等。这些动态属于干货输出，用户能够从中学到相关的知识。

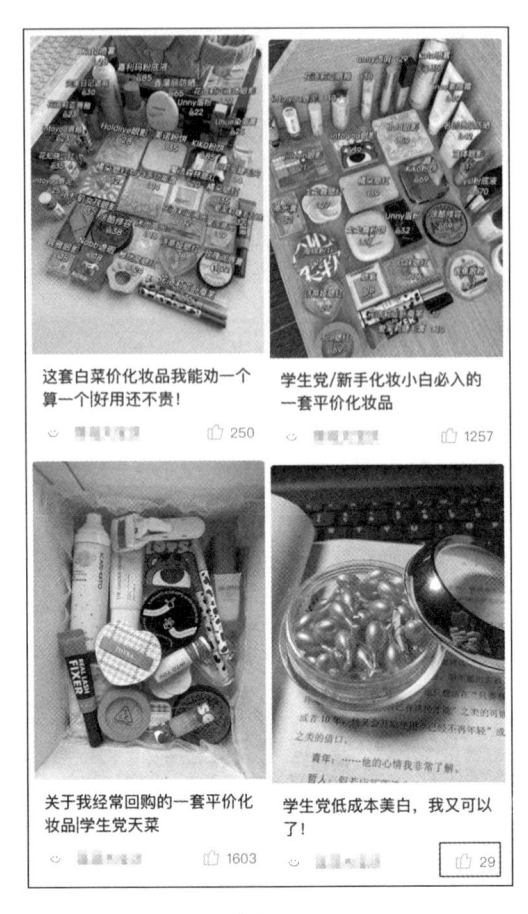

图 5-3

5.1.2 发布用户喜欢的动态

在创作动态的过程中，发布用户喜欢的动态是"涨粉"的关键因素之一，而用户喜欢的动态往往具有较强的利他性，能够为他们提供帮助和价值。因此，创作者需要专注于创作干货类动态，这些动态不仅能解决用户的问题，还能提高他们的技能和知识水平，从而赢得用户的信赖和关注。

首先，干货类动态的核心是实用性，创作者可以分享专业知识、技能教程和经验总结。例如，针对某一领域的专业技巧、具体问题的解决方案，以及有

第 5 章 7 天粉丝超过 100 个，这些"涨粉"技巧你也可以复用

效的方法和策略。

图 5-4 和图 5-5 所示的两篇动态都在为用户解决问题，干货很多，更容易引起用户的关注和互动。

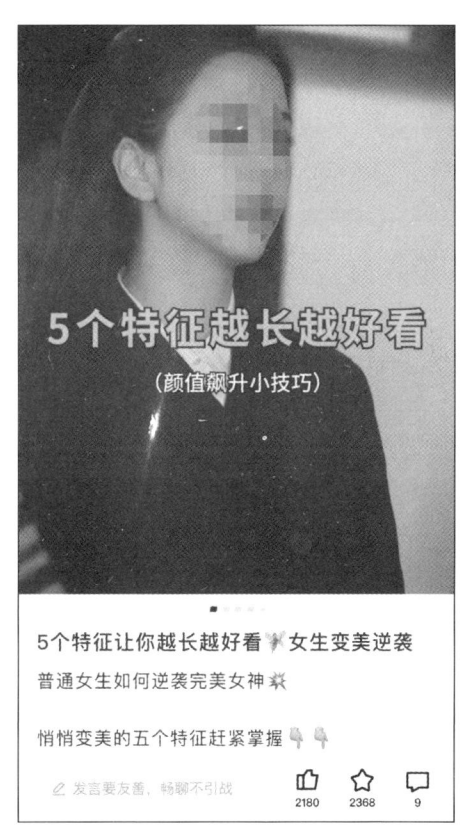

图 5-4   图 5-5

其次，分享独特的见解或根据用户的心理需求所创作的动态，也能显著提高账号的吸引力。在众多同质化的动态中，提供独到的观点和深入的分析，可以让用户耳目一新。例如，用户往往对如何在得物上赚钱感兴趣。针对用户的这个心理需求，创作者可以创作出与得物相关的赚钱动态。这类动态能够吸引大量用户关注，如图 5-6 所示。在得物上，与销售、投资或运营技巧相关的动态具有很强的吸引力。例如，可以分享成功账号的案例，详细分析它们的运营

策略；通过数据展示不同商品的销售趋势，帮助用户做出更明智的选择；解读得物的最新政策和规则，指导用户如何让收益最大化。

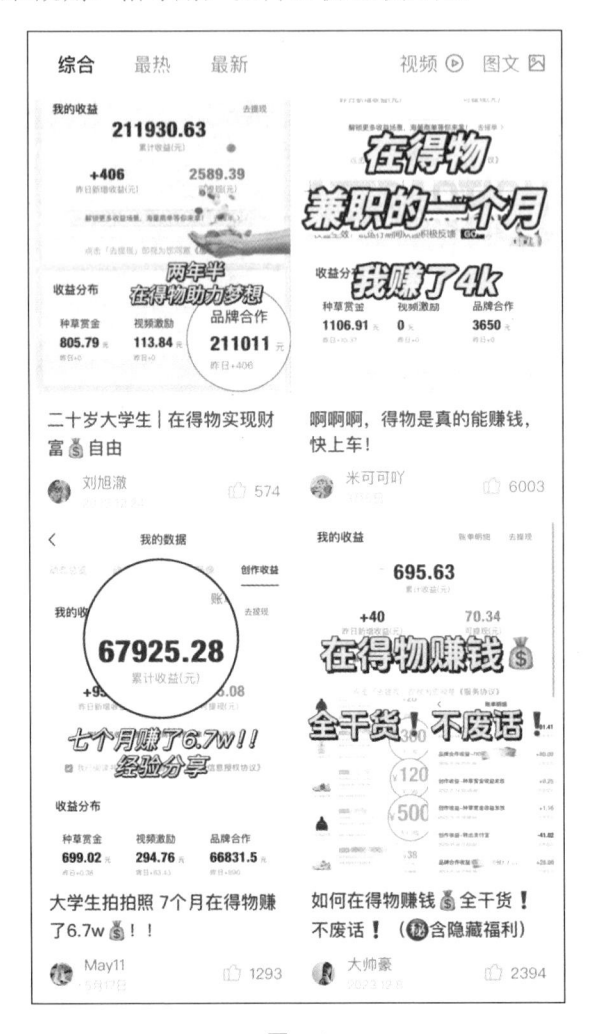

图 5-6

这些动态不仅能够为用户提供实用的赚钱指南，还能够帮助他们更好地理解得物的运作机制和市场动向，从而提高他们的运营效果。这种满足用户心理需求的动态，不仅能够增加用户的黏性和忠诚度，还能大大地提高账号的专业性和权威性，使用户感到动态不仅新颖、独特，而且对他们的实际操作具有直接的帮助。

再次，创作者可以通过系列化动态让用户持续关注。将复杂的知识或技巧分成多个部分，逐步深入地讲解，不仅可以增加动态的系统性和条理性，还能培养用户的期待感。例如，创作一系列关于某一领域的完整教程或专题动态，让用户在持续关注中不断学习和提高，如图5-7所示。

图 5-7

另外，互动性和参与性是提高用户喜爱度的重要因素。创作者可以通过提问、调查和互动活动，邀请用户参与动态的创作。这不仅可以增加用户的参与感和黏性，还能更精准地了解用户的需求和兴趣，使其更符合用户的期望。

5.2 与用户建立联系

在创作动态的过程中，与用户建立紧密的联系不仅是提高用户体验的关键，还是有效"涨粉"的重要策略。用户不仅是被动的内容消费者，还希望与创作者互动。通过积极的互动和沟通，创作者可以加强与用户的情感连接，增加用户的忠诚度和黏性，从而实现粉丝数快速增加。本节将探讨如何通过多种方式与用户建立联系，增强互动，最终达到"涨粉"的目的。

5.2.1 如何使用留言"转粉"

使用留言"转粉"是一种非常有效的互动策略，不仅可以增加用户的参与度，还能进一步巩固与用户的关系，从而实现"涨粉"。

想要让留言有效地"涨粉"，以下几点很重要。

1. 及时回复用户的留言

当用户在你的动态下留言时，他们肯定都希望及时地得到反馈和回应。如果你能及时地回复用户的留言，就可以迅速地拉近与用户之间的距离，增加用户对你的信任和喜爱，从而吸引更多用户关注。这种互动不仅能够让用户感到被重视和被关注，还能增加他们的参与感和归属感。

2. 对用户提出的问题或不了解的内容，你应该以真诚的态度直接告知

无论是解答用户的疑问，还是分享更多的信息，这种真诚的交流方式可以让用户感受到你的诚意和专业性。真诚的沟通不仅可以解决用户的问题，还能增加用户对你的信任度和好感度，进而转化为忠实的粉丝。

3. 当面对负面或批评性的评价时，你不应该被情绪左右

如果评价合理且无恶意攻击，你就应该考虑回复并解决他们的问题，展示你的包容和改进态度，这也是赢得用户尊重和信任的重要手段。当看到你能够虚心接受批评，并积极改进时，用户会对你产生好感和信赖。这种互动可以提高用户的满意度，进一步吸引更多的用户关注。

然而，对于那些不合理或带有恶意攻击的评价，你需要采取不同的策略。在面对这种情况时，你可以选择不回复或直接删除这些评价，这样做不仅可以避免不必要的争论和负面影响，还能维护评价区的良好氛围和秩序。通过筛选和管理评价，你可以确保与你互动的用户是积极和友善的，从而营造一个健康、正面的社区环境。

在评价中，你还可以通过提出问题、发起讨论等方式，鼓励用户积极参与。通过与用户的互动，你不仅可以增加动态的热度和曝光量，还能进一步增加用户的黏性和忠诚度。你可以定期总结和反馈用户的建议与意见，让用户感受到他们的声音被听到，并且对动态的改进产生了影响。

另外，通过评价，你可以了解用户的需求和偏好，可以调整和优化动态，因为用户的评价往往包含了他们真实的想法和需求。通过仔细阅读和分析这些评价，你可以获取大量有价值的信息。无论是对动态形式的改进，还是对主题的调整，都可以以用户反馈作为重要参考。这种以用户为导向的动态创作，不仅能够提高动态的质量，增加动态的吸引力，还能更好地满足用户的需求，从而实现"涨粉"。

5.2.2 如何增加自己的"可见度"

增加自己的"可见度"是创作者在寻求"涨粉"的过程中必须采用的重要策略之一。要积极参与站内的讨论和互动，这不仅包括回复用户的评价，还包

括参与官方发布的动态和话题讨论。

在官方发布的动态下，往往会有许多有趣的评价。你借此机会积极交流，可以提高账号的活跃度。如果你的评价足够有趣或有见地，那么自然会吸引更多人的关注，从而增加你的影响力和知名度。当然，在参与讨论时，你要始终保持友好和尊重的态度，避免与他人发生争论和冲突。同时，你要分享有价值的信息和有建设性的意见，让其他用户感受到你的专业性和热情，这将进一步增加你的"可见度"。

除了与官方账号互动，你还可以与同领域的博主或数据表现良好的博主进行互动。这不仅能让你了解站内用户的喜好，还能增加你的"可见度"，明星尚且需要蹭流量，普通创作者更不应该对这种行为有心理负担。

通过与其他博主互动，你能够扩大你的用户范围并吸引更多潜在粉丝。当然，在互动时，言辞要友好，避免发表激烈的言论，也不要在别人的评价区引导关注，以免引起反感和得到负面评价。

如图 5-8 所示，这位博主在一篇互动数据比较好的动态下评价，同样得到了不错的点赞数，通过这样的方式，大大地增加了账号的"可见度"。

图 5-8

参加平台活动也是增加"可见度"的有效方法之一。许多平台都会定期举办各种主题活动、挑战赛和专题内容创作活动。积极参加这些活动不仅可以提高内容的曝光量，还能借助平台的推广资源，吸引更多用户关注。通过在活动中展示创意，你可以快速地积累人气，赢得更多用户的喜爱。在参加得物活动时，你要注意活动的主题和规则，尽量创作出符合活动要求且富有创意的动态，以便在众多参赛作品中脱颖而出。

另外，随着账号的发展，你可以考虑设置一些抽奖活动或建立社群。抽奖活动不仅能够吸引用户关注，还能增加用户黏性。建立社群可以为粉丝提供一个交流和互动的平台，增加粉丝的归属感和忠诚度。当然，这些策略在账号初期可能不易实现。

第 6 章　在环境不理想的情况下，如何拍摄出高质量图片

在得物运营中，高质量图片对吸引用户、提高商品曝光度、增加销售机会至关重要。然而，对于许多得物运营者来说，他们可能并不具备专业的拍摄设备和理想的拍摄环境。因此，本章专门探讨如何使用非专业设备和在环境不理想的情况下为得物拍摄出高质量图片。

6.1　环境层面

在拍摄环境不理想时，巧妙地利用周围的环境，是拍摄出高质量图片的第一步。本节将从环境层面出发，探讨如何在光线不足、空间受限、背景杂乱等情况下，通过调整和优化拍摄环境，最大限度地提高图片的质量。

6.1.1　如何简单、快速地布置一个拍摄场景

在环境不理想的情况下，简单、快速地布置一个拍摄场景是拍摄出高质量图片的关键。

首先，你可以根据拍摄的主体和需要选择背景，确保背景干净、整洁，并且与拍摄的主体相协调。一个干净的背景可以使拍摄对象突出，而不会被背景中的杂乱元素所干扰。白墙、白纸、纯色地毯等都是非常实用的拍摄背景，它们不仅容易获得，而且能提供简洁、统一的视觉效果，帮助突出主体。除此之

外，白墙、白纸、纯色地毯等可以根据需要灵活调整和更换。例如，白色背景适合拍摄大多数颜色的物品，而深色背景适合拍摄浅色或亮色物品，从而形成鲜明的对比，增强视觉效果，如图6-1所示。

图 6-1

其次，合理利用空间也是布置拍摄场景的重要一环。在布置拍摄场景时，应该确保物体之间有适当的间隔，避免过于拥挤或空旷。过于拥挤的摆放会使画面显得杂乱无章，而过于空旷可能使画面显得单调乏味。找到物体之间的平衡点，可以使画面更和谐、更美观。

同时，合理利用空间还包括尽量避开过于狭窄或凌乱的地方，选择一个相对宽敞、干净的区域进行布置，这样可以给你更多的操作空间和灵活性。

明确主体是布置拍摄场景的另一个关键。在拍摄过程中，要将拍摄主体放在中心位置，并确保其他元素与主体相协调，以突出主体。主体的明确可以让用户一眼就明白拍摄的重点是什么，从而增加图片的吸引力和传达效果。在布置场景时，可以根据主体选择相关的道具和装饰物。这些道具和装饰物应该与主体相辅相成，起到衬托和强化主体的作用，而不能喧宾夺主。

6.1.2　哪些日常用品可以作为拍摄的辅助道具

在日常拍摄中，许多常见的物品都可以作为辅助道具，帮助提高图片的质量和创意。比如，把商品包装当道具是一个非常实用的技巧。商品包装往往具有设计精美的外观和独特的色彩，能够为图片增添视觉吸引力。再如，可以使用精美的化妆品盒子、礼品包装盒或食品包装袋等作为拍摄背景或装饰，这些不仅可以增加画面的层次感，还能增强主体的展示效果。另外，包装上的文字和图案也可以为图片增添趣味性和信息量，使图片更生动、更有趣。

图 6-2 所示为我使用包装作为辅助道具所拍摄的图片，呈现出了既不简单又充满趣味性的效果。

简单的办公用品（如电脑和笔记本）也是很好的辅助道具。办公用品不仅随手可得，而且可以为图片增添专业和整洁的氛围。比如，打开的笔记本电脑屏幕可以用作拍摄背景，显示相关的图片或文字，突出图片的主体。一本精美的笔记本、几支色彩鲜艳的笔、整齐排列的办公用品，甚至手机支架都可以作为拍摄的配角，烘托主体，提高图片的整体美感，如图 6-3 所示。

第 6 章 在环境不理想的情况下，如何拍摄出高质量图片

图 6-2

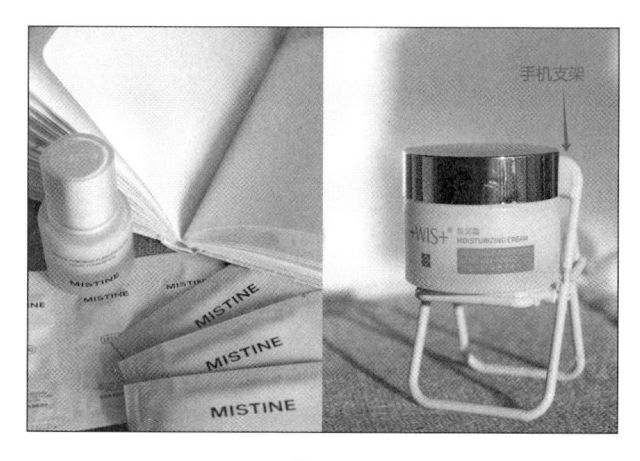

图 6-3

这些办公用品的使用，能够让图片显得更有情境感和代入感，使用户更容易理解和接受图片所传达的信息。

日常生活中的一些常见的物品也可以作为拍摄的辅助道具。比如，家中的绿植，可以为图片增加自然和清新的气息，不仅能够丰富画面的色彩和层次，还能通过对比和衬托，使拍摄主体更突出，如图 6-4 所示。

图 6-4

使用厨房用品（如咖啡杯、茶壶、盘子等）也能为图片增加生活气息和温馨感，如图 6-5 所示。这些物品不仅能够提高图片的视觉效果，还能通过细节的展示，传达出创作者的生活态度和审美品位。

镜子可以用于创造独特的反射效果，增加图片的趣味性和层次感。通过调整镜子的角度，你可以拍摄到不同视角的画面。

图 6-5

另外，你还可以利用一些简单的布料和纸张作为辅助道具。色彩鲜艳或质感独特的布料可以作为背景布，增加图片的视觉冲击力和艺术感。不同颜色和纹理的纸张可以用于制作各种道具与装饰物，为图片增加创意和趣味性。例如，使用彩纸剪裁出各种形状的图案，将其贴在背景或拍摄主体上，可以使图片生动、活泼。

在拍摄过程中，你应该充分发挥想象力和创造力，善于发现和利用身边的常见物品作为辅助道具，这样不仅可以提高图片的美感和质量，还能使图片个性化和富有创意。

6.1.3　如何找到绝佳的拍摄光线

如何找到绝佳的拍摄光线也是拍摄出高质量图片的关键之一。光线不仅能决定图片的亮度，还能影响色彩、质感和整体氛围。以下是一些寻找和利用理想光线的方法。

自然光是拍摄高质量图片的最佳选择之一。清晨和傍晚的光线最柔和，所以这两个时间段被称为"黄金时段"。这种光线能够为图片赋予温暖的色调和柔和的阴影效果，使拍摄对象更立体、更自然。在这两个时间段进行拍摄，可以利用斜射的阳光，形成绝佳的光影效果，不会因为太亮而曝光过度，也不会因为太暗而出现噪点。如果在室内拍摄，那么靠近窗户的位置通常能提供充足且柔和的自然光。为了更均匀地分布光线，可以在窗户前挂上薄纱窗帘，避免强光直射导致的高反差。

以我自己为例，当发现每天下午3点到4点半（冬天的傍晚）在房间拍摄图片的效果最佳时，我通常会固定在这个时间段进行拍摄，以确保每次拍摄出的图片都能达到理想的效果。如图6-6所示，我在日常拍摄时经常能捕捉到光影效果很好的瞬间。

在缺乏自然光的情况下，人工光源就显得格外重要了。我通常会使用柔光纸、环形灯等来模拟自然光的效果，提供均匀、柔和的光线。初学者可以尝试使用几盏家用台灯，通过不同的角度和距离布置，营造理想的光线效果。

在使用人工光源时，你应该注意避免光线直接照射拍摄对象，最好通过反射的方法，使光线柔和、自然。例如，你可以将光线投射到白墙或反光板上，再让反射光照亮拍摄对象。

第 6 章　在环境不理想的情况下，如何拍摄出高质量图片

图 6-6

反光板可以通过反射自然光或人工光，达到消除阴影、增加亮度、突出拍摄对象细节的效果。反光板有不同的颜色和材质，白色反光板可以增加亮度而不改变色调，银色反光板可以增强对比度，金色反光板则可以增加温暖的色调。

如果环境光线过于复杂，那么可以利用遮光板、黑卡等工具，控制光线的方向和强度。这些工具可以遮挡不必要的光线，避免杂光干扰，使拍摄主体更突出。通过合理地控制光线，你可以使图片的层次感和立体感更强，提高整体的视觉效果。

光线的角度也是拍摄时需要注意的关键因素。不同的光线的角度会产生不同的阴影效果，从而影响图片的立体感和氛围。侧光可以增强拍摄对象的质感和轮廓，使画面更有深度；逆光可以营造梦幻的效果，适合拍摄剪影或具有透明质感的物体；前光可以减少阴影，均匀照亮拍摄对象，适合需要清晰展示细节的拍摄场景。

总之，要想找到绝佳的拍摄光线，就需要综合考虑拍摄时间、拍摄地点、光源和光线的角度等多个因素。作为创作者，你需要不断地尝试。

6.2 技术层面

当想要拍摄高质量图片时，除了优化环境，对技术层面的掌握同样至关重要。这里的技术层面包括相机设置、构图技巧、对焦方法等。这些技术不仅能提高图片的清晰度、突出图片的细节，还能使图片更具艺术感和专业性。

本节将深入探讨在不同的拍摄条件下，如何通过调整技术参数和运用专业技巧，克服环境限制，拍摄出令人惊艳的高质量图片。

6.2.1 拍摄图片的基本注意点

在拍摄过程中，以下 3 点能够显著提高图片的质量和效果。

1. 了解并熟练操作拍摄设备

无论是相机、手机还是其他拍摄设备，掌握其基本功能和设置是拍摄高质量图片的前提。熟悉设备的白平衡、感光度（ISO）、快门速度和光圈等参数的调整方法，可以根据不同的拍摄场景和光线进行灵活设置，从而优化图片的曝光度和清晰度。

现代相机和手机都提供了多种拍摄模式，如人像模式、夜景模式、运动模式等。根据拍摄场景和需求选择合适的模式，可以更轻松地拍摄出理想的图片。另外，还可以学习和尝试使用一些高级的拍摄技术，如长曝光、多重曝光、HDR（High Dynamic Range，高动态范围）拍摄等，增加图片的创意，优化图片的效果。

2. 对焦

确保拍摄主体清晰对焦是拍摄成功的关键。使用相机或手机的自动对焦功能，可以快速、准确地对焦主体，但在一些特定的场景中，手动对焦可以提供更高的精准度。例如，在拍摄微距图片时或在低光环境下，手动对焦可以确保主体清晰。为了保证对焦精准，建议在拍摄前花一些时间进行对焦测试，以确定最佳的对焦点。

3. 拍摄时的稳定性

即使在光线充足的情况下，手抖也可能导致图片模糊。使用三脚架、稳定器或其他辅助工具，可以防止因手抖而导致的图片模糊，特别是在长时间曝光或拍摄视频时，保持设备的稳定性可以显著提高画面的清晰度和质量。在没有专业的稳定设备的情况下，将相机或手机靠在坚固的物体上能起到一定的稳定作用。

另外，一些拍摄时的小细节也至关重要。

首先，定期清洁设备镜头是保证拍摄质量的重要步骤，无论是相机镜头还是手机镜头，在长时间使用后都会积累灰尘和污垢，这些都会影响图片的清晰度和质量。使用专用的清洁工具和液体，轻轻擦拭镜头表面，可以确保在每次拍摄时都能获得清晰的图片。

其次，在拍摄前进行构图预览和细节检查是好习惯。在按下快门之前，你要仔细观察取景框内的所有元素，检查是否有不必要的杂物或干扰因素。即使你已经在构图和背景上做了充分的准备，也有可能遗漏一些小细节，通过拍摄前的检查，可以确保最终的图片更完美。

6.2.2　6种构图方式，拯救你的拍摄技术

在拍摄场景和光线都准备好的情况下，接下来就要考虑构图了。构图是拍摄过程中至关重要的一环，能够显著提高图片的吸引力和动感。通过学习和运

用各种构图原则,你可以更好地安排主体和背景,使图片更具平衡感、美感和冲击力。

本节将介绍6种构图方式。

1. 三角形构图

当你考虑如何在画面上安排物体以增强画面的稳定感时,一个经典且有效的方法是采用三角形构图,如图6-7所示。

(1)　　　　　　　　　　(2)

图6-7

无论是在自然界还是在人造结构中,三角形都以其固有的稳定性而著称。当你将物体按照三角形布局时,用户的视线会自然而然地沿着三角形的线条移动,从而感受到内在的平衡和稳定。

在具体的操作中,你可以选择3个物体或主要元素,将它们分别放置在画面中的不同位置,确保它们之间的连线能够形成一个三角形。这个三角形可以是任意三角形,具体形状取决于拍摄的主体和风格。

2. 对角线构图

当涉及增加图片的视觉冲击力时，对角线构图是一个极其有力的方式。

对角线是一条自然的引导线，用户的视线会不由自主地被牵引至对角线上的物体，从而使这个物体成为图片中的视觉焦点。另外，对角线本身有一种动态和不稳定的感觉，这种感觉能够增加图片的视觉冲击力。

你还可以通过线条和元素的布局间接地引导用户的视线沿对角线移动。这多用于拍摄风景图，比如图片中可能有一些自然形成的线条（如道路、河流、桥梁等），这些线条本身就具有引导视线的作用。

在拍摄静物时，这种引导视线的方法同样适用。通过巧妙地安排拍摄对象，使它们沿对角线方向排列，可以创造出动态的视觉效果。将一些物品前后错落地摆放在对角线上，可以创造出层次分明的画面效果，增加图片的立体感。

图 6-8 所示为我使用对角线构图时拍摄的图片。

（1） （2）

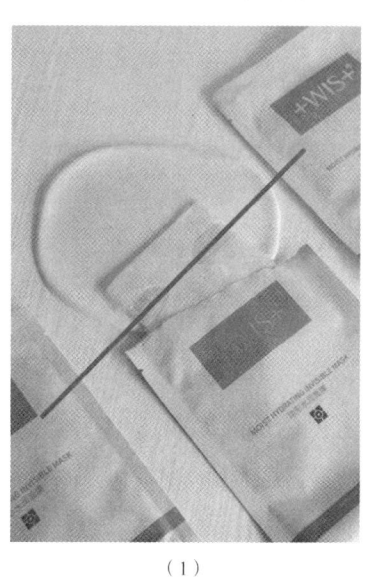

图 6-8

3. 黄金分割构图

当谈到拍摄的构图方式时，黄金分割构图无疑是备受推崇的一种。这种方式的核心思想是将画面九等分，具体做法是通过两条垂直线和两条水平线将画面划分为 9 个相等的区域，形成一个井字形的网格。然后，你将需要强调的物体或视觉焦点放置在这些分割线或者它们的交点上，如图 6-9 所示。这些分割线或交点成了用户视线的自然落点，引导着用户的注意力集中在画面的重要元素上。这种构图方式既不会让画面显得过于空旷，也不会让元素过于拥挤，而是呈现出一种恰到好处的和谐美感。

这样的构图方式之所以能够有效地增加画面的平衡感和美感，是因为它基于黄金分割的美学原理。黄金分割是一种特殊的比例关系，其比值约为 1：1.618，这种比值在自然界和艺术作品中广泛存在，被认为是较具美感的比例之一。

（1） （2）

图 6-9

另外，黄金分割构图还具有很好的灵活性和适应性。无论是拍摄风景、人像还是拍摄静物，你都可以根据具体的拍摄场景和主体，灵活地调整物体在画面中的位置,使其符合黄金分割的构图原则。

4. 居中构图

在拍摄时,平衡感是构图的关键要素之一,能够给用户一种和谐、稳定的视觉体验。居中构图则是实现画面平衡感的常见方法。

居中构图是指将物体放在画面中心,使用简单而直接的方式来增强画面的平衡感。这种构图方式利用了视觉的对称性和中心性原理,将用户的注意力集中在画面的中心,如图 6-10 所示。当主要物体或视觉焦点位于画面中心时,画面的左右两侧会呈现出一种自然的平衡状态。

居中构图特别适用于那些需要突出主体、强调重要性的场景。例如,在拍摄人像时,将人物脸部放在画面中心,可以突出人物的形象和表情,使用户注意人物本身。同样,在拍摄建筑、静物等时,将主要物体置于画面中心,也可以强调其重要性和主导地位。

图 6-10 所示为很常见的采用了居中构图方式拍摄的图片。

(1) (2)

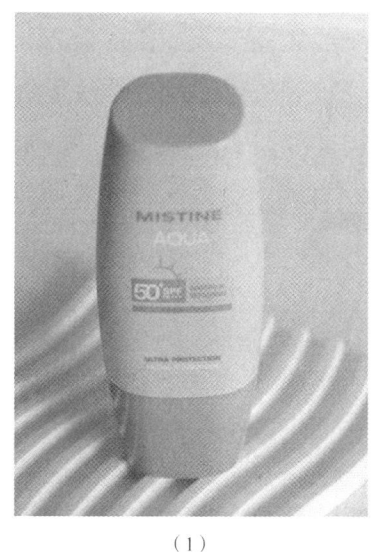

图 6-10

需要注意的是,虽然居中构图可以增强画面的平衡感,但在实际拍摄中你要避免过于呆板或机械地应用这种构图方法。有时候,偏离中心来创造一种动态或不平衡的构图,也可以带来意想不到的艺术效果。

5. 垂直构图

垂直构图在拍摄时起着重要的作用,不仅能够强调高度和线条感,还能赋予图片独特的视觉效果和情感表达。

在拍摄具有明显纵向特点的静物时,如瓶子、图书等,垂直构图可以有效地展示其高度和修长的线条,使物品显得更挺拔、更有型,如图 6-11 所示。

(1)　　　　(2)

图 6-11

在拍摄静物时,将静物沿垂直方向排列,可以去除多余的背景和杂乱的元素,突出拍摄主体,赋予图片简洁的美感。

在构图时,你可以选择将主要的视觉焦点或兴趣点置于这些垂直线条的交汇点或延长线上,以进一步强调画面的空间感和深度。同时,利用垂直线条的对比和变化，可以创造出不同的视觉效果和氛围。

6. 散点式构图

散点式构图是指将物体随机分布在画面上的一种富有创造性的构图方式，能够为用户带来新颖、独特的视觉体验，如图 6-12 所示。然而，随机分布并不意味着毫无章法。你在进行散点式构图时，仍然需要注意保持画面的平衡感和美感。

（1）　　　　　　　　　　（2）

图 6-12

在随机分布物体时，你应该在潜意识中寻求一种动态的平衡，虽然物体的位置看起来是随机的，但整体上应该给用户一种和谐、稳定的感觉。这需要你在构图时仔细考虑各个物体之间的位置关系、大小比例及色彩搭配，确保它们能够在画面中形成一个和谐的整体。

保持图片的简洁是随机分布物体时重要的原则。简洁的画面能够减轻用户的视觉负担，让他们更容易关注主要的物体。因此，在随机分布物体的同时，你要避免使用过多的元素或杂乱的背景。你可以通过选择简洁的背景、使用大光圈虚化背景或裁剪掉不必要的部分等方式来保持画面的简洁。

在实际操作中，你可以从以下几个方面实现在随机分布物体的同时保持画面的平衡感和美感。

（1）色彩搭配：注意物体之间的色彩搭配，避免使用过于花哨或混乱的色彩组合。可以选择相近的颜色进行搭配，或者使用对比色来突出主要的物体。

（2）形状和大小：注意物体之间的形状和大小，确保它们在画面中分布得合理且协调。避免某个物体过大或过小导致画面失衡。

（3）光线和质感：利用光线和质感来增强画面的立体感与层次感。通过调整光线的方向和强度，以及利用物体的不同质感来营造出丰富的画面效果。

（4）画面构图：要考虑画面的整体构图。可以运用一些构图方式（如黄金分割构图等）来指导物体的分布和安排。

6.3 后期修图

在图片制作过程中，拍摄只是第一步，后期修图则是赋予图片更高艺术价值和视觉冲击力的重要环节。通过后期修图，你可以调整光线、颜色、对比度，修饰细节，甚至改变画面的构图和情感表达，从而使图片更完美、更有个性。

本节将深入探讨后期修图的基本技巧和高级方法，帮助你在拍摄后进一步提高图片的质量和美感。

6.3.1 常见的修图软件介绍

在数字化时代，手机修图已成为日常生活中不可或缺的一部分。大多数常见的修图软件（如美图秀秀、黄油相机、醒图）都为用户提供了丰富的图片编辑功能，有些手机也自带了图片编辑功能，如图 6-13 所示。

图 6-13

美图秀秀是一款功能强大的修图软件，广受用户欢迎。它不仅提供了基础的图片特效和人像美容功能，还拥有众多高级编辑工具（如智能美化、磨皮、美白、瘦身、增高等）且操作页面友好，功能模块清晰。用户可以轻松地找到所需的修图工具，根据自己的喜好对图片进行调整。对于那些追求精细修图效果的用户来说，美图秀秀无疑是理想的选择。

黄油相机则在打造个性化图片风格方面表现出色，其提供的丰富的字体、贴纸和滤镜可以让用户在图片上添加文字和装饰元素，赋予图片更多的创意和个性。黄油相机的页面简洁，操作简单，非常适合那些希望快速制作出风格独特的图片的用户。

无论是为社交媒体平台准备图片，还是制作个性化的纪念册，黄油相机都能提供强大的支持。

醒图是一款全面的修图软件，特别擅长处理人像，其强大的瘦脸、瘦身、一键美颜功能，使用户无须专业技巧就能快速修图。另外，醒图还提供了多种滤镜、贴纸和特效，帮助用户轻松地实现图片的个性化处理。不仅如此，醒图还具备细致的色彩调整和光影效果，可以精确调整每一张图片的细节，使其达到专业级别的美感。

手机自带的编辑功能虽然相对简单，但是能满足基本的修图需求。大多数手机自带的编辑功能包括裁剪、旋转、调整亮度和对比度、添加滤镜等。虽然手机自带的编辑功能不如专业修图软件的功能全面，但对于日常快速调整和优化已经够用了。用户可以利用这些简单的功能，快速地对图片进行基础处理，提高图片的整体效果。

这些软件各有特色，无论是专业摄影师还是普通用户，都能找到适合自己的修图软件，轻松地打造出满意的图片效果。

6.3.2 万能修图公式

在日常运营账号的过程中，你常常需要对视频和图片进行调色，以确保视觉效果达到最佳状态。调色的目的不仅是美化画面，而且是传达准确的情感和氛围。以下是一些常用的调色参数及其调整方法，可以帮助你优化图片质量，使其更符合审美和需求。

当画面显得过暗时，你可以通过增加曝光度和亮度来提高整体效果，使画面更明亮、更清晰。这不仅能提高图片的视觉吸引力，还能确保细节部分清晰可见。如果画面偏冷，给人一种清凉的感觉，那么可以适当地增加色温，将冷色调调整为暖色调，使画面呈现出更温暖、更舒适的氛围。相反，如果画面偏暖，色调过于浓烈，那么可以减少色温，使画面的色调回归自然的中性色调，从而避免色彩过度饱和所带来的不适感。

有时候，画面中的颜色可能显得不够鲜艳。这时，你可以增加饱和度，让颜色更饱满且不失真实感。这种调整可以使画面更吸引人，增强视觉冲击力。

然而，在某些情况下，为了保持商品的真实颜色，避免过度饱和导致的失真，你可能需要减少饱和度。减少饱和度可以帮助恢复商品的原始颜色，使其看起来更真实、更自然。

为了提升画面的视觉效果，你可以考虑增加锐化、纹理和清晰度等。增加锐化可以突出画面的细节和边缘，使图片更锐利、更精致。增加纹理能增强图片的质感和立体感，使画面看起来更丰富。增加清晰度可以使画面更通透，减少模糊感，提高整体的视觉效果。

通过合理地调整这些常用的调色参数，你可以有效地优化图片质量。无论是增加亮度、调整色温，还是增加饱和度和清晰度，每一个参数的细微调整都会为画面带来显著的变化。掌握这些调色技巧，不仅能让你发布的动态更专业、更吸引人，还能更好地传达出你希望表达的情感和氛围。

第 7 章 一篇动态获得 70 多笔订单，我发现了"种草"的技巧

得物现在已经成为品牌推广和商品销售的重要阵地。一篇精心设计的动态，能够迅速引发用户的兴趣和购买欲望，实现惊人的带货效果。本章将介绍我在得物上发现的"种草"技巧，通过一次成功的案例分析——一篇动态获得 70 多笔订单，分享如何通过内容创作、用户互动和精准营销，实现高效的"种草"。

7.1 用5种技巧撰写吸引人的带货文案

"种草文"的核心目标就是触动用户的内心，激发他们的购买欲望，让他们看了之后忍不住想买。那么，如何才能精准地打动他们呢？

深入了解目标用户是关键。你需要明确他们真正想的是什么、他们的喜好是什么，以及他们在日常生活中遇到的哪些问题是让他们头疼的。这种对用户心理的精准把握，将帮助你筛选出最符合他们需求的商品或服务。

在选定了合适的商品或服务后，你需要巧妙地运用文案技巧，让用户感受到这个商品或服务正是他们梦寐以求的。这可能需要你运用一些心理战术，比如强调商品的独特卖点、解决用户的问题、展示商品的使用场景和效果等，使用户在情感上产生共鸣，从而产生强烈的购买欲望。

本节将着重介绍 5 种文案技巧，这些技巧可以帮助你写出更吸引人、更具有说服力的"种草文"，从而有效地提高带货效果。

7.1.1 使用故事化描述

人们都喜欢听故事，因为故事具有独特的吸引力，能够迅速引起他们的注意，并使他们更容易产生共鸣，从而更愿意购买和分享你的商品。在"种草"的过程中，讲好一个故事同样至关重要。这个故事可以是真实的，也可以是精心创作的，但无论如何，它都必须与你要推广的商品或服务紧密相关。

以全球知名的奢侈品牌香奈儿为例，这个品牌之所以能够深入人心，与其精心创作的品牌故事是分不开的。比如，香奈儿的"小黑裙"系列广告，就是一个绝佳的例证。这个系列广告通过讲述小黑裙在不同年代的故事，展示了一些女明星穿着小黑裙的优雅形象，这种强烈的视觉冲击力和情感共鸣，让用户深刻地感受到了小黑裙的魅力和时尚感，从而激发了她们的购买欲望。

当然，这些故事离你可能有些遥远。但是，当做商品推广的任务时，你也可以借鉴故事化描述的方式。你可以了解商品背后的故事，看一看是否可以挖掘一些有趣的、感人的或者引人深思的故事。这些故事可以是商品的诞生过程、创始人的创业经历、商品的独特功能或者用户的使用体验等。

在创作过程中，你可以从商品的故事角度出发，用生动的语言来讲述这些故事。例如，你要推广一款护肤品，可以讲述它是如何被研发出来的、研发团队克服了哪些困难、它如何成功地被推向市场。

7.1.2 使用场景化描述

场景化描述是一种非常直观且有效的商品描述方法，其背后的原理非常简单——将商品置于用户日常生活或实际的工作场景中，使他们能够产生共鸣，并引发他们的联想和想象。这种方法有助于用户更直观地理解商品的用途和价值，从而增加他们购买的可能性。

当推广一款厨房小工具时，你使用场景化描述非常容易。比如，你可以这样描述："早晨，当第一缕阳光透过窗帘时，您慢慢地醒来，无须再为早餐烦恼，只需使用这款厨房小工具。在短短的几分钟内，您就能轻松地搞定美味又营养的早餐，一整天都精神满满，充满活力！"这样的描述不仅让用户了解了商品的用途，还让他们仿佛置身于早晨的厨房中，感受到了使用这款商品的便捷和愉悦。

假设你需要推广一款面膜，其主要功效是祛黄提亮。你该如何用场景化描述呢？如图 7-1 所示，当带入了加班后脸色蜡黄的场景时，你是不是感觉拉近了与用户的距离？许多在都市中奋斗的打工人对这种经历再熟悉不过了，加班、熬夜、压力大往往会导致肌肤出现问题，从而让他们倍感烦恼。

```
这是我近期用到的zui喜欢的一款面膜
祛黄提亮效果真的很不错
主要是它还平价
多敷几次也不心疼~

年底了，大家也知道有多忙
熬夜加班真的是常态
我的脸也蜡黄，见不得人了
好在有这款面膜
拯救了我的脸！

敷完后感觉气色都好了不少~
精华也很多，敷完脸还能再敷一下脖子
主打一个不浪费一分一毫

膜布也很舒服hui常服帖
就是对我的脸来说有点太大啦~
```

图 7-1

我知道，有些人可能会将故事化和场景化混淆，觉得这两者似乎没有太大的区别。实际上，它们是有明显区别的。故事是完整的叙述，包括情节、人物和事情的发展，通过讲述一系列的事情来展示一个主题或传递一个信息。场景则是故事中的一个具体地点或环境，为故事情节和人物形象提供了具体的背景与情境。场景化描述更侧重于通过具体的环境和情境来展示商品的使用场景，让用户能够更直观地感受到商品的价值和用途。

在得物上，用户更喜欢简洁的信息，所以我们通常更倾向于使用场景化描述来推广商品。场景化描述不仅能够迅速吸引用户的注意力，还能通过具体的使用场景来展示商品的特点和优势。同时，场景化描述更能针对用户可能存在的问题或需求，提供解决方案。

以常见的穿搭和家居收纳为例，这些都是为了解决用户在日常生活中遇到的问题而存在的：微胖穿搭能够帮助那些身材稍显丰满的人找到适合自己的穿衣风格，让他们更自信地面对自己的身材；职场穿搭能够为那些需要穿着得体、展现专业形象的职场人士提供解决方案；家居收纳可以解决家中物品杂乱的问题，让家居环境更整洁、更有序。

7.1.3　使用情感化语言

使用情感化语言，无疑是营销过程中的一种有效的策略。这种语言风格不仅能够帮助你与用户建立深厚的情感联系，还能巧妙地激发他们的购买欲望，使商品或服务在用户心中占据独特的位置。

在描述商品特性和效果时，巧妙地运用形容词和副词等情感化词汇，可以让用户更直观地感受到商品的价值和优势。例如，你可以这样描述一个护肤品——"令人惊艳的使用感受""肌肤的救星"，或者这样形容一块智能手表——"贴心的生活助手""时尚与科技的完美结合"。

另外，使用情感化语言还能够引起用户的共鸣。在阅读你的文案时，用户可能会回想起自己曾经遇到过的类似问题或情境。这时，你的情感化语言就能够触动他们的内心，让他们愿意购买你的商品或服务。

例如，你可以描述一个旅行箱为"陪你走遍世界的伙伴"，或者这样形容一个智能家居设备——"让你享受家的温馨与舒适"。

图 7-2 所示为一篇口红文案，文案中用了很多形容词，让本来只能通过图片和文字来展示的商品具象化了。

```
超级显白，黄皮很适合                    Gucci 505  是我zui喜欢的一支
薄涂偏玫，厚涂会往红棕色这个调调靠      是属于红棕色那一挂的 本命口红
但整体还是偏酒红的，高贵冷艳            比较润，不拔干
能驾驭各种风格的妆容，可少女可霸气      薄涂厚涂都很合适
                                        秋冬季很奈斯的一款口红
雅诗兰黛 305                             非常高级
整体是比较正的红色                      黄皮涂真的很显白
素颜图不太OK
也是属于比较显白的颜色                 纪梵希 N37
精细勾勒唇形，画出尖尖的唇峰和嘴角     复古暗红色，底调是偏冷的玫红调
就能带出它浓郁摩登的美                  薄涂玫红调明显，厚涂会偏棕
所以我觉得是不太日常的~                 哑光的，不算很干但是也要做好唇部打底
除非是全妆                              对我来说确实就是会有点干巴
                                        也是一款不适合素颜涂的
```

图 7-2

因此，在文案中巧妙地运用情感化语言，能够让你要推广的商品在众多竞争对手中脱颖而出。

7.1.4 强调商品的优点

在推广商品时，一个核心策略就是强调商品的优点，让用户深入了解为什么这款商品值得他们青睐。你不仅要清晰地阐述商品的独特之处，还要通过真实的、可感知的使用效果来打动用户。

当谈论商品的优点时，使用对比是一个有效的方法，但务必谨慎使用。对比的目的是凸显你的商品的优势，而不是贬低其他品牌或商品。你需要公正和

第 7 章　一篇动态获得 70 多笔订单，我发现了"种草"的技巧

客观，避免任何形式的拉踩或攻击，这样的做法不仅不利于推广你的商品，还可能损害品牌形象，如果过于夸张，那么可能还会触犯广告法。

例如，在推广粉底液或其他护肤品时，经常会提到化妆前和化妆后的效果对比，或者使用前和使用后的显著变化。在展示这种对比时，你要确保描述的真实性和准确性，过度夸张或虚假宣传会让用户产生不信任感。

另外，在展示对比图时，你还需要注意一个细节问题：为了保持图片的清晰度和对比效果的真实性，不建议在对比图上添加花字或过多的装饰元素。这些元素可能会分散用户的注意力，甚至影响他们对商品效果的判断。因此，你应该选择简洁的对比图，突出商品的优点和实际效果。当然，这是基于得物的特点来进行考虑的。

图 7-3 所示为那篇让我获得 70 多笔订单的动态的文案，后续订单量没有再增加是因为得物规定，发布动态 30 天后，即便有人通过动态中的商品链接购买，订单量及佣金也不会再增加。这篇动态之所以能得到这么好的结果，是因为我真实地表达了对商品的使用感受。

图 7-3 中两个文本框中的内容分别为描述两个不同的商品的内容。在撰写时，我尽量将个人感受融入其中，无论是对商品带来的喜悦还是对一些小瑕疵，都坦诚表达。这样的做法不仅让文案更真实可信，还让用户能够全面地了解商品。

值得一提的是，透蜜的粉底液只需要几十元，雅诗兰黛的粉底液则需要几百元，这两个商品的价格相差较大。尽管我在文案中提到了透蜜的粉底液的一些缺点，比如卡粉，但是它还是受到了用户的热烈欢迎。价格低虽然是一个原因，但同时证明了，在推广商品时，真实的分享往往比过度美化或夸大其词更能打动人心。

> 本命粉底液！一款平价，一款贵妇！
> 我一般在用的就这两款粉底液
> 一个是透蜜的
> 一个是雅诗兰黛的沁水
>
> 用得比较多的还是透蜜的
> 毕竟人家的价格真的很美丽～
> 像我是混油皮，夏天用真的就是越油越好看
> 而且持妆力很好
> 第四张图就是用的透蜜的
> 出去拍一天照
> 妆都是完整的 也不容易暗沉
> 我的朋友们都被我安利了
>
> 买沁水是因为冬天我的脸比较干（感觉一到冬天就成了混干）
> 用透蜜的就会比较干
> 卡粉还是挺严重的
> 用沁水就会好很多！
> 不卡粉，然后持妆力也很好
> 基本不脱妆（可能是我的定妆太厉害了 哈哈哈哈哈哈）
> 图五也是出去拍了一天的样子

图 7-3

我建议你也可以尝试从自己的感受出发，将真实的体验分享给用户。

当然，在不清楚商品卖点的情况下，为了避免出错，你可以适当地参考一下商品的详情页，它可以为你提供一些灵感和思路，但一定要避免直接照抄。原创性是每个平台都极为重视的，只有保持原创，你的动态才能在众多动态中脱颖而出，赢得用户的青睐。另外，动态文案不应该过于生硬，流畅、自然的表达更能吸引用户的关注并获得用户的信任。

7.1.5 构建品牌认同感

在构建品牌认同感的过程中,软文创作成了不可或缺的环节。在撰写文案时,从品牌认同感的角度出发,可以更有效地与用户建立深厚的情感联系,这种联系不仅基于商品的实用性,而且基于对品牌价值观、理念和魅力的认同。

在构建品牌认同感的过程中,讲述品牌故事和展示品牌价值观是两个重要的手段。品牌故事生动地展现了品牌的发展历程、创始人的初心和品牌的核心竞争力,可以让用户更深入地了解品牌,从而产生情感共鸣。品牌价值观则是品牌的灵魂所在,体现了品牌在品质、服务、创新等方面的追求。当认同这些价值观时,用户自然会对品牌产生信任感。

除了讲述品牌故事和展示品牌价值观,你还可以充分利用品牌在用户中的好评。这些好评是用户对品牌的真实反馈,具有极强的说服力。当你在软文中引用这些好评时,用户更容易信任你推荐的品牌,并产生购买欲望。

以我个人为例,在账号初创阶段,经过对动态的分析,我发现大品牌动态的数据表现通常较好。于是,我顺势创作了一篇关于大品牌口红的动态(如图 7-4 所示)。这篇动态不仅剖析了这些口红的独特之处,还结合了我的使用体验,让用户感受到了品牌的魅力和价值。这篇动态最终获得了不错的互动效果及成单量,证明了从品牌认同感的角度出发写软文的有效性。

在我的得物训练营中,我看到了一些学员尝试写类似的动态(如图 7-5 所示),但效果不理想。经过深入分析,我发现这可能是因为他们在创作过程中没有深入挖掘品牌的独特之处和价值观,或者没有与用户建立深厚的情感联系。

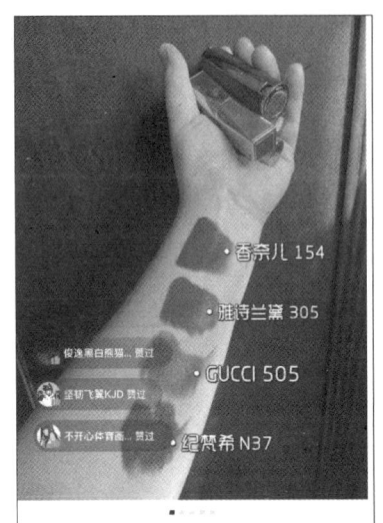

图 7-4

图 7-5

在图 7-5 所示的文案中，有几个很明显的问题。我想强调的第一个问题是关于极限词的使用。有时，你为了强调对某样商品的喜爱程度，可能会使用"最爱"这样的极限词。虽然这种表达能够直接传达你对商品的喜爱，但使用极限词在广告法中是明令禁止的，在你的动态中出现这样的词语，很容易导致动态被限流。

第二个问题是对肤色的描述。在动态中，你可以看到诸如"黄皮怎么样，黄黑皮怎么样，白皮怎么样"的描述。这样的描述方式很容易给人一种不真实的感觉。因为一个人的肤色是固定的，不可能同时拥有多种肤色。除非在介绍一个商品时，你真的找了不同肤色的人来进行测试，否则这样的描述就显得有些牵强。

尤其在创作合集形式的动态时，你更要注重逻辑的连贯性和人设的一致性。例如，如果你之前一直强调自己是黄皮的，那么在介绍第三个商品时，就不应该突然写"黄黑皮不太建议"。这样的描述不仅与前面矛盾，还会让用户对你的推荐产生怀疑。

在写文案时，你可以提到商品的优缺点。比如，你可以写某支口红的颜色显得高级，但持久度稍差。这样的描述既真实又客观，能够让用户对商品有全面的了解。

如果你还是不知道该怎么写，下面介绍一个简单、直接、好用的方法：在发布动态时，你可以想象自己正在向好朋友分享最近发现的好物。在这种情况下，你是不是会选择用简单明了的方式来描述商品的优点呢？将这样的方式融合到你的动态创作中，不仅能让用户更容易理解，还能让你的动态更接地气、更真实可信。

7.2 用两个技巧提高商品购买率

7.2.1 明确并直击目标用户的痛点

要想有效地提高商品的购买率,就要明确并直击目标用户的痛点。痛点是用户在日常工作和生活中遇到的问题。因此,精准识别并突出这些痛点,是吸引用户注意力和激发购买欲望的关键。

那么该如何直击用户的痛点呢?

理解目标用户是关键。你可以通过市场研究、用户访谈、数据分析等多种手段,深入了解目标用户的日常生活、工作习惯、心理需求及他们在使用商品或服务过程中遇到的难题和挑战。你只有真正了解他们,才能准确地找到他们的痛点,并用文案触动他们。

在明确痛点后,选择恰当的表达方式是至关重要的。你可以使用简洁的语言,直接指出用户遇到的问题和困扰。同时,你可以将用户的痛点融入具体的案例或故事中,让他们在阅读的过程中感同身受。这样的表达方式不仅更具说服力,而且更容易引起用户的共鸣。

你需要精心设计文案的结构。比如,一个好的文案应该有引人入胜的开头,能够迅速引起用户的注意,然后通过描述问题、展示痛点和提供解决方案等步骤,逐步引导用户进入你的思维框架,在文案的结尾部分,可以强调商品或服务的优势,并给出明确的行动指引,促使用户做出决策。

在撰写文案时,还需注意一些细节:使用对比手法可以突出痛点的严重性和消除痛点的紧迫性、使用反问句可以引导用户思考并回答问题、使用简洁的语言可以确保用户能够快速理解你的意图……此类方法很多,你可以在日常撰写文案的过程中多总结。

最重要的一点是，你要始终牢记撰写文案的目的是解决问题和满足需求。因此，在撰写文案时，作为创作者，你需要从用户的角度思考问题，关注他们的需求和痛点，用文案引导他们找到解决问题的途径。

7.2.2　巧妙地在动态中埋"钩子"

在得物上发布动态时，吸引用户的注意并让他们持续关注是关键。一个有效的方法就是在动态中巧妙地埋"钩子"。"钩子"是指那些能够引起用户兴趣、激发他们阅读或互动的元素。

首先，开头的几句话是决定用户是否继续阅读的关键。你可以使用引人入胜的问题、悬念或令人惊讶的事实引起用户的注意。例如，"你知道每天喝咖啡能带来哪些意想不到的好处吗？"这样的问题可以激发用户的好奇心，让他们想要继续阅读以找到答案。讲述一个简短而有趣的故事也是非常有效的方式，故事可以是你的个人经历、客户案例或虚构的小故事，只要它能引起用户的共鸣并与主题相关即可。例如，"昨天在咖啡馆遇到一个有趣的陌生人，他的故事让我彻底改变了对咖啡的看法。"

其次，提出挑战或呼吁行动可以有效地吸引用户参与互动。例如，"我正在进行一项 7 天咖啡挑战，你敢不敢加入？"这种形式不仅能引发用户的兴趣，还能激励他们采取行动，增强互动性。除此之外，视觉元素同样重要，添加高质量的图片、图表或视频，可以在短时间内吸引用户的目光，但是要确保这些视觉元素与动态的主题紧密相关，并能起到埋"钩子"的作用。

当然，在文案的结尾处设定悬念或提出未解答的问题，也是一个很好的埋"钩子"的操作，这样可以让用户期待后续的动态。例如，"想知道这个陌生人的故事是如何影响我的吗？敬请关注明天的更新。"使用这种方式可以有效地引导用户持续关注你的动态。

7.3 利用社交媒体平台的特性，增加互动性与信任感

7.3.1 引导互动

对于创作者来说，在社交媒体平台上有效地引导互动是提高用户参与度和建立信任的重要手段。如何设计巧妙的互动策略，吸引用户积极参与讨论和分享呢？我列举了以下几种方法。

1. 提出开放性问题

提出开放性问题是引导互动的直接且有效的方法之一。这些问题应该与用户的兴趣和需求紧密相关，从而激发他们分享个人观点和经验。例如，在一篇关于健康饮食的动态中，我会问："你最喜欢的健康早餐是什么？"这样的问题不仅容易引发回复，还能让用户感受到被重视和被关注。

2. 设置定期问答时间

设置定期问答时间，如每周一次的"问我任何事"，可以让用户有机会直接与我互动，增加用户黏性。在这个时间，我不仅可以解答用户的疑问，还能展示专业性和亲和力。以美妆博主为例，可以设置每周的护肤问答时间，解答用户关于护肤品使用的各种问题。

3. 利用投票和调查功能

使用社交媒体平台提供的投票和调查功能可以快速收集用户意见与增强互动。通过这些功能，你可以了解用户的偏好和需求，同时增加互动的趣味性。例如，在介绍新商品时，我会发起一次投票，询问用户最喜欢的商品颜色或功能。这不仅能获得有价值的反馈，还能让用户感受到他们的意见对动态创作有重要影响。

4. 利用直播的实时互动功能

通过直播，你可以实时回答用户的问题、展示商品的使用方法或分享最新的品牌动态。直播的即时性和互动性可以让用户感受到与你的直接联系，增加他们的信任感和忠诚度。例如，定期举办商品发布会或专家问答直播，让用户有机会实时参与和互动，可以提高品牌的透明度和可信度。

通过这些引导互动的方法，你可以有效地增加用户的互动性，增加他们对你的信任感。一个成功的互动策略不仅能够提高动态的曝光量和影响力，还能帮助你建立一个活跃且忠实的用户群，从而实现长期的创作目标。

7.3.2 展示真实评价

对于一个创作者来说，展示真实评价是增加互动和建立信任的关键。社交媒体平台为你提供了许多展示真实评价的机会。通过真诚的互动和透明的沟通，你可以有效地与用户建立更深层次的联系。

1. 不删除负面评价是展示真实评价的基础

负面评价虽然看起来可能对动态或品牌有负面影响，但是它们实际上提供了一个宝贵的机会，让你展示你的应对态度和解决问题的能力。当看到你不删除负面评价，而是积极面对并尝试解决问题时，用户会对你产生更多的信任感。这种做法不仅可以提高你的可信度，还能鼓励更多用户分享他们的真实感受。

2. 当面对用户的质疑时，积极回应是增加互动的重要方式

用户质疑往往是他们对动态或商品感兴趣的表现，无论是对文案的准确性还是对个人体验的质疑，你都应该以开放的态度回应。比如，当用户质疑某个观点时，你可以详细解释你的看法和依据，同时欢迎他们提出不同的意见。这种互动不仅能解决用户的疑问，还能在讨论中增进彼此的理解和信任。

3. 针对用户的留言,及时且真诚地回复是建立信任的关键

不论是赞美还是批评,你都应该认真对待每一条评价。对于用户的肯定,你要表达感谢,并分享更多相关的信息或动态。对于用户的批评,你要认真倾听他们的意见,理解他们的困惑,并提供具体的解决方案或改进措施。例如,当用户抱怨某篇动态不够详细时,你可以在回复中补充更多的信息,或者在后续的动态中进行改进。

4. 当不知道答案时,诚实地告诉用户你不知道也是一种有效的沟通策略

没有人是全能的,如果你诚实地告诉用户你不知道,那么用户会理解并尊重你。当遇到拿不准的问题时,你可以告诉用户你会查找相关信息,并在找到答案后及时回复他们。这样既展示了你的诚实和谦逊,也能让用户感受到你对他们的重视和尊重。

第 8 章　一个人用一部手机，如何拍摄出百赞的视频

本章将深入介绍如何在得物上仅用一部手机从拍摄前的精心准备到拍摄技巧的巧妙运用，再到视频剪辑，打造出令人惊艳、屡获百赞的视频。

8.1　拍摄前期准备

8.1.1　场景选择

在创作高赞视频的过程中，场景选择是一个至关重要的环节。一个好的场景不仅能提高视频的整体质量，还能引起用户的注意，增加视频的观看次数和点赞率。

你可以选择一个固定的拍摄场景。选择固定的拍摄场景不仅可以提高拍摄效率，还能为用户提供熟悉感，增加视频的一致性和专业感。在选择固定场景时，要确保这个场景在日常生活中易于布置，能够随时进行拍摄而不受太多限制。

场景匹配主题是选择场景时必须考虑的重要因素，不同的视频主题适合不同的场景。例如，如果你要拍摄一个关于美食的短视频，那么厨房或餐厅环境更合适；如果你要拍摄一个关于健身的短视频，那么健身房或户外场地更具说

服力。因此，在选择场景时，你一定要根据视频的主题和内容来确定最适合的环境，确保场景与内容相匹配。

光线是影响视频质量的关键因素之一，自然光通常是拍摄的最佳选择，因为它可以使画面更明亮、更清晰。如果你选择在室内拍摄，那么尽量靠近窗户，利用自然光；如果你选择在室外拍摄，那么尽量选择光线充足的地方，同时避免阳光直射，以防止过曝或阴影过重。如果自然光不足，那么你可以考虑使用补光灯或反光板来增强光线效果。

场景布置是让画面更生动、更有趣的关键。在布置场景时，你要合理地安排场景中的元素，使整个画面看起来更具吸引力和层次感。你可以根据视频的主题，适当添加一些装饰品或道具，例如鲜花、植物、书籍、艺术品等，这些元素不仅能美化场景，还能增强视频的视觉效果。

背景的选择也非常重要。一个干净、整洁的背景可以使视频看起来更专业，而杂乱的背景则会分散用户的注意力。你要选择一个简洁、整齐的背景，并确保背景与视频主题相符。例如，在拍摄美妆视频时，你可以选择一个整洁的梳妆台作为背景；在拍摄读书分享视频时，你可以选择一个有书架的角落作为背景。

另外，在选择场景时，你要注意周围的噪声情况。如果在室外拍摄，那么要避开车流、人群等嘈杂的地方；如果在室内拍摄，那么要尽量选择安静的房间，并关闭可能产生噪声的电器。良好的声音环境可以确保视频的音质清晰，提高用户的观看体验。

8.1.2 这个脚本结构，让新手快速找到视频录制节奏

对于新手来说，把握视频录制节奏是一个重要的挑战。一个清晰、简洁且高效的脚本结构，不仅可以帮助新手快速进入视频录制的状态，还能提高视频的整体质量和观看体验。以下是一个适合新手的视频脚本结构，让你可以快速找到视频录制节奏，制作出高质量的视频。

1. 开场白

开场白是视频的第一个部分，决定了用户是否会继续观看。一个好的开场白应该简短有力、引人入胜，同时明确地传达视频的主题和目的。

开场白可以是简单的问候，如"你好，我是××（你的名字）"，让用户感受到亲切；开场白也可以简明扼要地介绍视频的主题，如"今天我要向你分享如何用手机拍摄出高质量的视频"，或者提出一个引人入胜的问题或悬念，如"你是否也想知道，如何用一部手机拍摄出专业级别的视频？那就继续看下去吧！"

2. 主体内容

主体内容是视频的核心部分，也是用户获取信息的主要来源。合理地安排主体内容，可以让视频逻辑清晰，层次分明。

步骤一：准备工作。

详细介绍拍摄前的准备工作，例如选择场景、准备设备等。

选择场景：解释如何根据主题选择合适的拍摄场景。

准备设备：简要说明所需的设备和道具，如手机、三脚架、补光灯等。

步骤二：实际拍摄。

分步骤展示拍摄过程中的关键点，确保每一步都清晰、易懂。

拍摄角度：介绍不同的拍摄角度和镜头运用技巧。

光线调整：解释如何利用自然光和人工光，确保画面清晰、明亮。

步骤三：后期处理。

简要介绍视频的后期处理步骤，如剪辑技巧、添加特效和滤镜等。

剪辑技巧：分享一些简单、实用的剪辑技巧，帮助新手快速上手。

添加特效和滤镜：说明如何添加特效和滤镜，提高视频质量。

3. 结尾

在视频的结尾，可以简要回顾视频中提到的关键点和步骤，加深用户的记忆，也可以鼓励用户在评价区分享他们的想法和问题，如"如果你有任何问题，那么欢迎在评价区留言，我会尽快回复你"，或者邀请用户订阅你的频道或关注你的社交媒体账号，如"如果你喜欢我的视频，请记得点赞、订阅，并打开通知铃铛，这样你就不会错过任何新视频"。

通过这个简单明了的脚本结构，新手可以避免在录制过程中出现混乱和不确定感。在时间宽裕的情况下，建议新手先写脚本，再进行拍摄。

写脚本不仅能够帮助新手厘清思路，还能确保视频的连贯性和逻辑性，让整个制作过程更高效、更有序。图 8-1 所示为一个实际案例，展示了如何运用上述脚本结构来制作一个高质量的视频。

通过这个案例，你可以清晰地看到如何利用脚本结构和良好的时间管理，快速制作视频。比如，深色部分的拍摄画面可以放到一起拍摄，不需要调整镜头和角度。同理，浅色部分的拍摄画面也可以这么操作，不需要频繁地调整背景等，大大地节省了拍摄和调试的时间。

第 8 章 一个人用一部手机，如何拍摄出百赞的视频

序号	景别	拍摄画面	时长（秒）预估时间	口播
1	全景	拆快递箱	3	姐妹们，今天来开这个希汀无二小姐香水礼盒
2	中景	展示快递箱的内容	3	里面是一个香水礼盒，赠送了一个礼品袋，送礼就很方便了
3	特写	展示包装	3	ISN风十足的包装，看起来很高级
4	特写	展示香水数量	3	一共有7支香水
5	特写	展示香水拆卸替换	4	香水是可以替换到外包装里的，7支香水，7款香味
6	特写	展示香水瓶上的名字	1	栀子花香，仿佛置身于一片花海中，清甜可口，拒绝周一综合征，活力满满
7	中景	拍摄香水喷出的画面，以黑色为背景	2	
8	特写	展示香水瓶上的名字	3	在周二可以闻到茶香，端庄又典雅，让人心旷神怡
9	中景	拍摄香水喷出的画面，以黑色为背景	4	
10	特写	展示香水瓶上的名字	5	在最疲惫的周三，当然要配上这种若有若无的白苔香啦，能让人仿佛置身于大自然中，轻松自在
11	中景	拍摄香水喷出的画面，以黑色为背景	6	
12	特写	展示香水瓶上的名字	7	周四的香水主打优雅中有牡丹的芬芳，宛如一位高贵的女神
13	中景	拍摄香水喷出的画面，以黑色为背景	8	
14	特写	展示香水瓶上的名字	9	周五下班后，怎么能不安排一场约会呢？这款诱惑的斩男香，绝对难以抗拒！
15	中景	拍摄香水喷出的画面，以黑色为背景	10	
16	特写	展示香水瓶上的名字	11	忙碌了一周，到了周六，当然要选一款香气深沉而持久的香味，能让人内心宁静
17	中景	拍摄香水喷出的画面，以黑色为背景	12	
18	特写	展示香水瓶上的名字	13	休息了一天，在周日自然要一款柔美的香水来度过这个美好的时光，感受一份独特的温馨与美好
19	中景	拍摄香水喷出的画面，以黑色为背景	14	

图 8-1

8.2 拍摄中的注意事项

在拍摄视频的过程中，注意光线、构图和脚本契合度是确保最终作品质量的关键。光线和构图是决定画面效果的重要因素，在 6 章已经进行了详细介绍，这里不再赘述，只补充一点：在构图方面，合理地利用前景和背景，可以为画面添加深度和层次感，使用户更容易被吸引。例如，在拍摄人物时，可以使用一些自然景物或道具作为前景，如树枝、花朵或书籍。背景选择很重要，一个干净、整洁的背景可以使视频看起来更专业，而杂乱的背景会分散用户的注意力。

另外，需要注意的是，在拍摄过程中，确保每个镜头契合脚本是至关重要的，要根据脚本的情节和节奏，合理地安排每个镜头的拍摄时间，确保拍摄进

度与预期相符。例如，如果脚本中有一个紧张的对话场景，那么可以通过快速地切换镜头和紧凑的拍摄节奏来表现紧张的气氛。你要实时查看脚本，掌握拍摄进度，确保每个镜头都按计划进行，这样可以及时发现和纠正偏差，避免遗漏重要画面或场景。使用拍摄记录表或制订拍摄计划，可以帮助你更好地管理拍摄进度和细节。

为了避免后期需要还原场景，增加拍摄难度，要尽量在当天拍摄完所有素材。这不仅可以保证场景的一致性，还能减少因天气变化或场地使用限制等因素带来的不便。在拍摄前，要确保所有设备和道具都已准备妥当。

如果拍摄需要在室外进行，那么要事先了解天气情况，避免因为天气变化影响拍摄进度和效果。

8.3 视频剪辑

8.1 节和 8.2 节分别介绍了视频脚本结构和拍摄中的注意事项。这些是制作优质视频的基础。现在，你将进入视频制作的另一个关键环节——视频剪辑。视频剪辑不仅能够提高视频的整体质量，还能使视频更具吸引力和连贯性。

通过精心的剪辑，你可以去除冗长的部分，突出重要的细节，添加效果和音乐，使整个视频更生动、更有趣。

8.3.1 常见的视频剪辑软件

通过剪辑，你可以将拍摄素材整理、优化和组合成完整的视频作品，提高视频的观赏性和专业度。选择合适的剪辑软件，是高效实现后期处理的关键，本节将介绍两个比较常见的剪辑软件。

1. Adobe Premiere Pro

Adobe Premiere Pro 是业内公认的专业的视频剪辑软件，被广泛地应用于电影、电视剧和网络视频制作。它提供了强大的剪辑功能和丰富的特效插件，支持多种格式的输入和输出，可以满足不同层次创作者的需求。Adobe Premiere Pro 的多轨道编辑功能和时间轴操作非常直观，Adobe Premiere Pro 能够轻松地实现复杂的剪辑任务。

另外，Adobe Premiere Pro 与 Adobe 的其他软件（如 After Effects、Photoshop）无缝集成，可以进一步增加创作的灵活性和效率。无论是简单的剪切拼接，还是复杂的特效处理，Adobe Premiere Pro 都能满足专业创作者的需求。

该软件提供了色彩校正工具、音频处理功能及多种导出选项，使得成品视频能够达到专业水准。

2. 剪映

剪映是由字节跳动推出的一款非常受欢迎的视频剪辑软件，尤其适合短视频创作者和初学者。

剪映的操作页面简洁、友好，操作简单，功能齐全，即使没有剪辑经验的新手也能快速上手，非常适合需要快速、高效制作视频的创作者。

剪映还提供了丰富的模板和自动化工具，可以轻松地实现视频剪辑、转场、字幕和音效添加、多轨道编辑、画面调色、特效添加和音频处理等操作，能够满足大多数创作者的需要，而且还是免费软件，这使得剪映成为许多短视频创作者的首选工具。

不仅如此，剪映还提供了一些智能功能，如智能抠图、自动生成字幕和智能匹配背景音乐等。这些功能利用 AI 技术，帮助创作者节省时间和精力，提高视频制作效率。例如，利用智能抠图功能可以自动识别人像并去除背景。利用自动生成字幕功能可以快速地生成精准的字幕，大大地简化了后期制作流程。值得一提的是，剪映有手机版和电脑版两个版本，能方便用户随时随地进行视频剪辑，无论是在家中还是在旅途中，都可以轻松地完成视频制作。

8.3.2 剪映的视频剪辑流程

为了展示视频剪辑的流程，以剪映为例，详细介绍从导入素材到最终导出视频的每一个步骤，帮助你快速掌握剪辑技巧，制作出高质量的视频。

打开剪映，点击"开始创作"按钮（如图 8-2 所示）。

图 8-2

1. 导入素材

点击"导入"按钮（如图 8-3 所示），导入素材。可以导入视频、图片或音频文件，一定要确保导入的素材质量高，并且内容丰富，能够支撑视频主题。

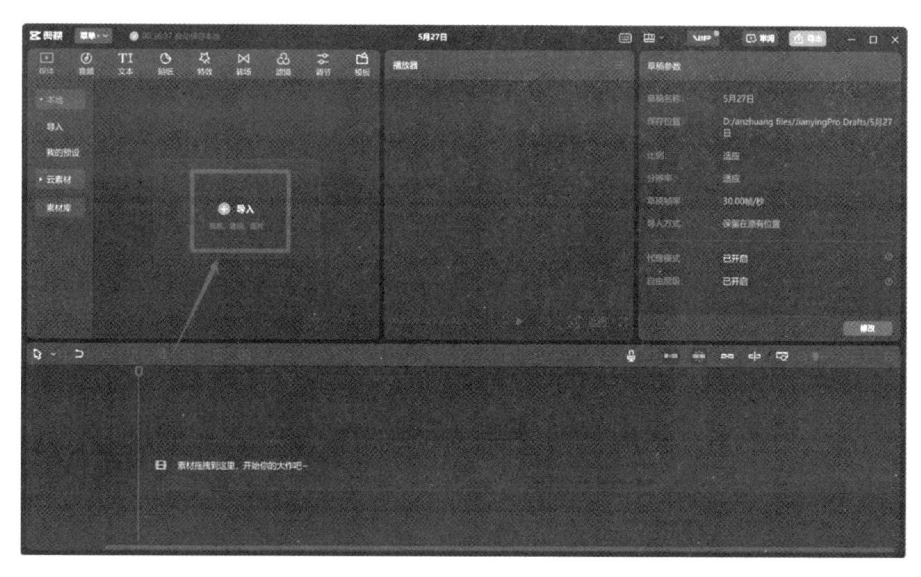

第 8 章 一个人用一部手机，如何拍摄出百赞的视频

图 8-3

2. 初步剪辑视频

在导入素材后，将素材拖入时间轴页面，如图 8-4 所示。这是进行视频剪辑的核心区域。

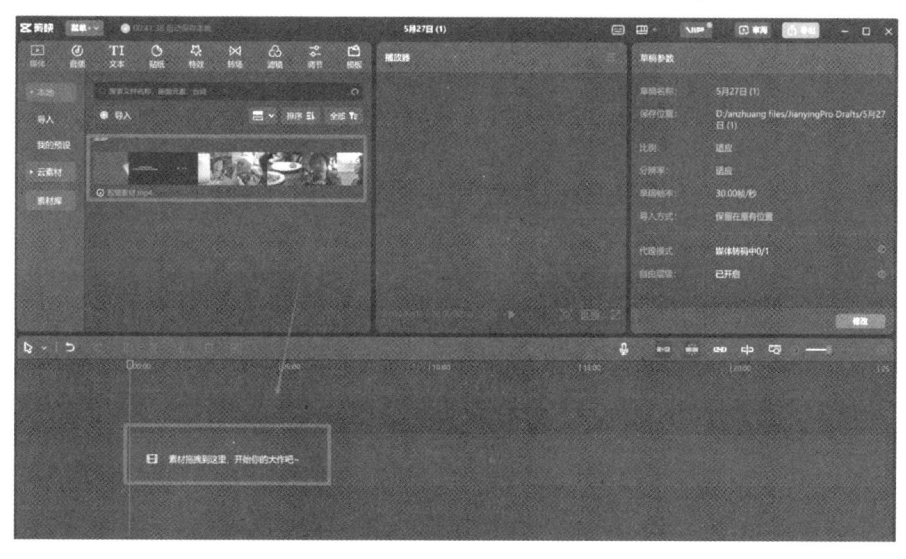

图 8-4

以下是一些初步的剪辑操作。

1）分割

在时间轴上找到你希望分割的位置，点击素材，然后选择"分割"工具（如图 8-5 所示），将视频分割成多段。你可以删除不需要的部分，只保留精华内容。

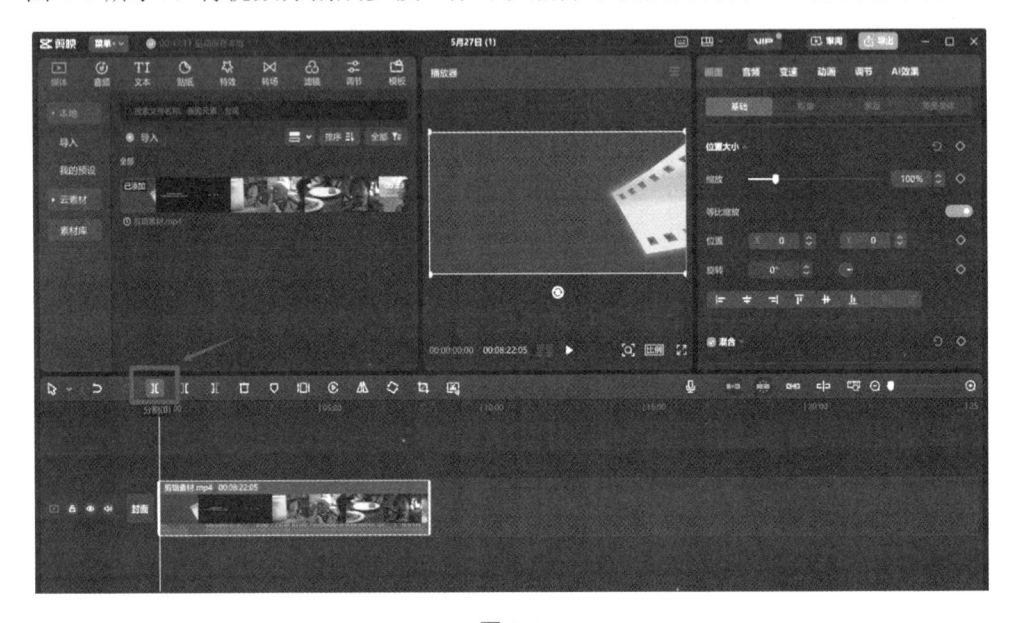

图 8-5

2）调整时长

拖动素材边缘，可以调整每段视频的时长，如图 8-6 所示。要确保每个片段的长度合适，不会让用户感到乏味或过于仓促。

3）添加转场效果

在不同的片段之间添加转场效果，可以使视频过渡更平滑，如图 8-7 所示。剪映提供了多种转场效果，如淡入淡出、滑动、旋转等，你可以根据视频风格选择合适的效果。

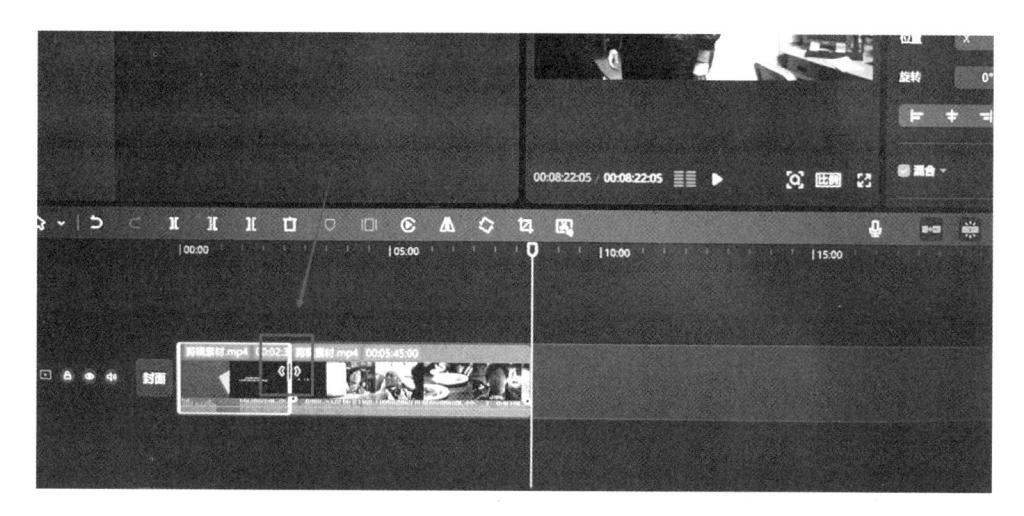

图 8-6

图 8-7

3. 添加音效和背景音乐

音效和背景音乐是提高视频质量的重要元素。你可以导入自己的音频文件（操作步骤就是前面提到的"导入素材"），也可以从剪映的音频库中选择合适的背景音乐或音效，如图 8-8 所示。

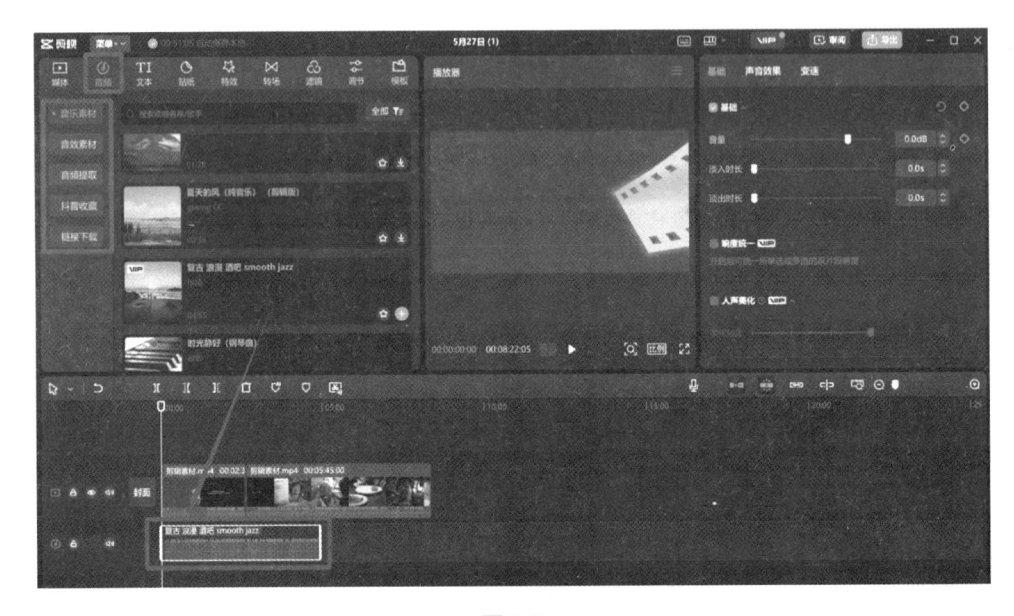

图 8-8

将音频拖到时间轴上的合适位置，并调整音量，确保音频和视频内容协调统一。

4. 应用滤镜和特效

滤镜和特效可以增加视频的视觉效果。点击"滤镜"按钮（如图 8-9 所示），选择适合你的视频风格的滤镜效果，将其应用到整个视频或特定片段。

剪映还提供了丰富的特效，如动态贴纸、文字动画等，点击"特效"按钮（如图 8-10 所示），选择特效并将其添加到视频中，增加视频的趣味性和观赏性。

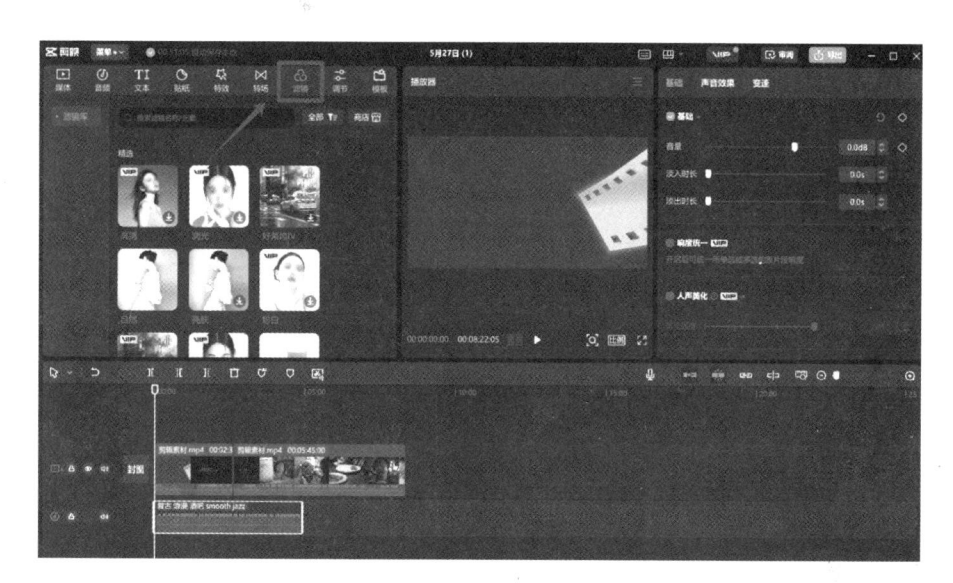

第 8 章　一个人用一部手机，如何拍摄出百赞的视频

图 8-9

图 8-10

5. 添加字幕

字幕可以帮助用户更好地理解视频内容。点击"文本"按钮（如图 8-11 所示），选择字幕样式，输入文本内容，并将其拖动到时间轴上的合适位置。

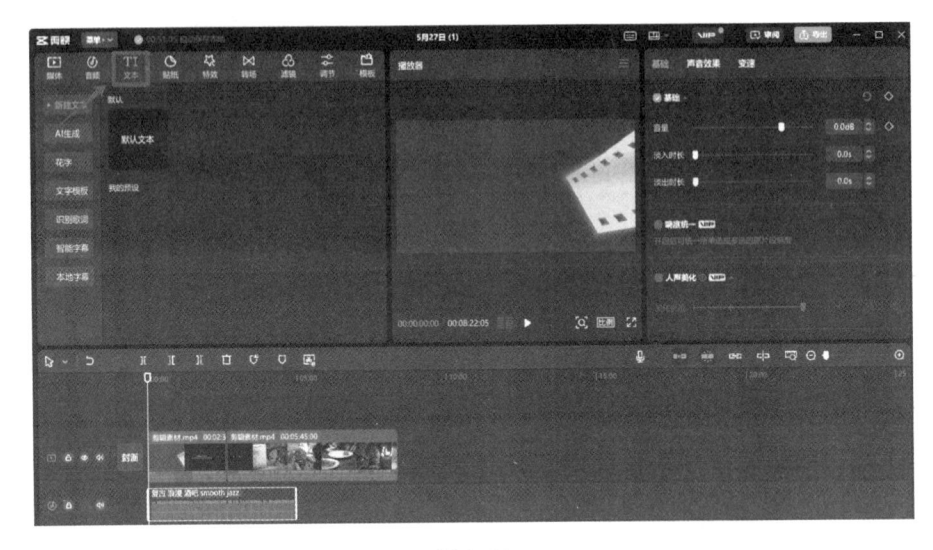

图 8-11

可以调整字幕的字体、大小、颜色和动画效果，使其与视频风格相匹配，如图 8-12 所示。

图 8-12

6. 预览和调整

在完成上述步骤后,点击"播放"按钮(如图 8-13 所示),可以观看整个视频的效果。检查是否有需要调整的地方,如剪辑不顺畅、音频不协调或特效过多等。

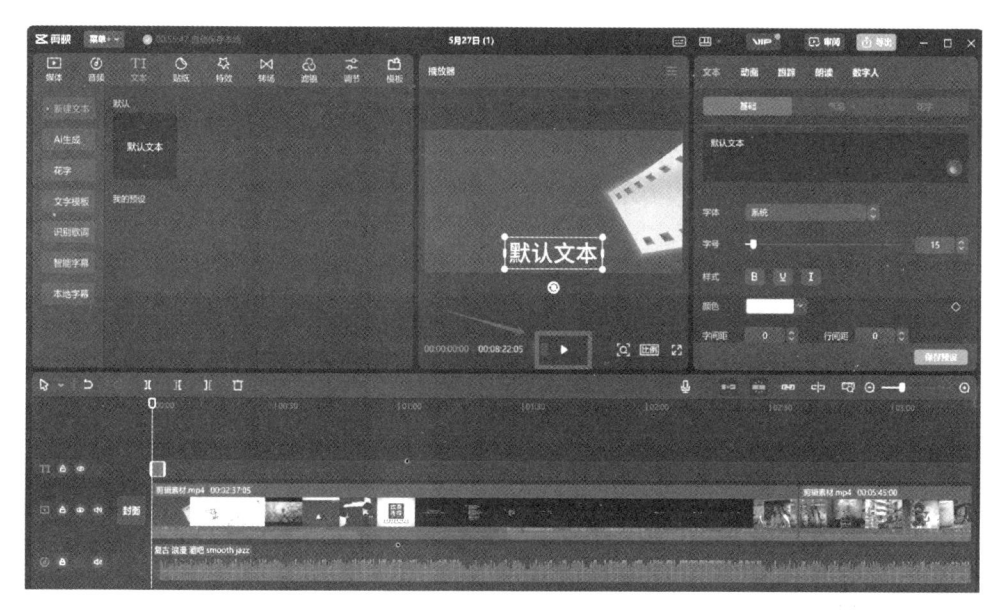

图 8-13

根据预览结果,进行相应的调整和优化,确保视频质量达到预期。

7. 导出和分享

在所有剪辑工作完成后,点击"导出"按钮(如图 8-14 所示),选择合适的分辨率和格式,将视频保存到相册中。剪映支持将视频直接分享到某些社交媒体平台,如抖音、微信、微博等,以便快速地把作品展示给用户。

通过以上详细的剪辑流程,你可以利用剪映制作出高质量的视频。

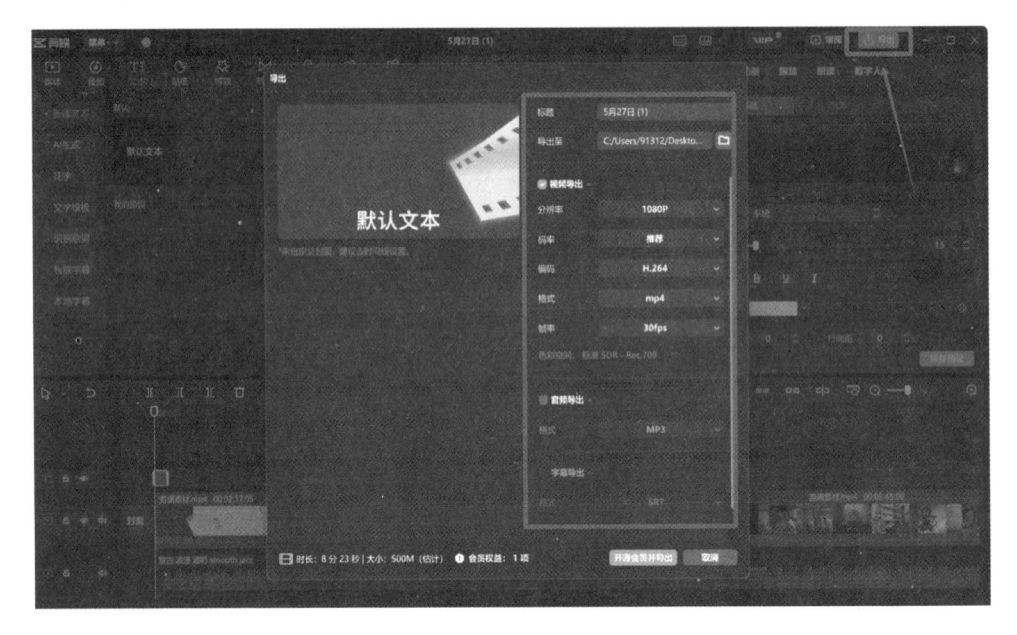

图 8-14

第 9 章　得物的 5 种变现方式和能快速得到好结果的几个领域

当深入探索得物的运营策略与商业模式时，不得不提及的是其多样化的变现方式。本章将详细介绍得物的 5 种变现方式。这些方式既为得物带来了丰厚的商业回报，也揭示了其独特的商业模式和成功之道。

9.1 种草赏金

9.1.1 什么是种草赏金

创作者在得物发布动态后，可以选择将相关的商品链接嵌入他们的动态中。这些链接直接指向得物上的商品页面，为用户提供了便捷的购买途径。一旦有用户通过创作者提供的链接购买了商品，创作者就能获得一定比例的佣金，这就是所谓的"种草赏金"。

对于创作者而言，种草赏金方式具有极强的便捷性和灵活性。这种变现方式不仅简单易懂，而且能够直接反映创作者的影响力和带货能力。

得物为了鼓励更多的创作者参与并提高他们的积极性，还特地为新创作者提供了额外的激励政策，比如给新创作者带货的前三笔交易额外的补贴。这意味着，新创作者在初期能获得更高的收益，从而更快地积累人气和信誉。这个政策无疑为新创作者提供了更多的动力和支持，让他们更愿意在得物上分享自己的购物心得并推荐商品。

然而，需要注意的是，种草赏金的产生并非没有限制。为了确保公平性和有效性，得物设定了一个时间范围，即发布动态后的30天内。只有当用户在这个时间范围内完成交易时，创作者才能获得相应的赏金。如果超过了30天，即使用户仍然通过创作者的链接购买了商品，创作者也无法再获得赏金。

这个设定旨在鼓励创作者积极创作，确保不断地发布动态，及时地影响用户的购买决策。

另外，得物还会根据市场需求和平台策略，对一些特定品牌或活动商品进行额外的补贴，这些补贴往往与品牌合作、促销活动或节日庆典等相关。当发布与这些品牌或活动相关的动态时，创作者不仅能够获得基本的种草赏金，还能获得平台提供的额外补贴。这样的举措既增加了创作者的收益，也提高了得物和品牌的影响力，实现了多方共赢。

那么，关于种草赏金有哪些注意事项呢？

1. 动态的图片和文案必须与所挂的商品链接紧密相关

创作者在发布动态时，所配的图片和文案必须与所挂的商品链接紧密相关，能够真实地反映商品的特点和用途。如果所挂的商品链接与发布的动态无关，一旦被得物监测到，那么动态会被封禁，如果次数多了，获得种草赏金的资格就会被剥夺。

2. 发布的动态必须为创作者原创的或已经获得了原创作者的授权

得物非常重视对知识产权的保护，严禁剽窃、盗用、搬运他人的内容。创作者在发布动态时，必须确保发布的动态是自己原创的，或者已经获得了原创作者的授权；侵犯他人知识产权的行为都将导致无法获得种草赏金，并可能面临法律处罚。

3. 不得以任何形式提及第三方竞争平台的相关信息

这是为了维护得物的公平竞争环境，避免对其他平台造成不正当竞争，也避免引流行为。违反此规定的创作者将被永久剥夺获得种草赏金的资格。

4. 得物严禁通过任何技术手段刷购买量、浏览量、收藏量、评价量

得物通过技术手段和人工审核相结合的方式，对刷购买量、浏览量、收藏量、评价量进行严厉打击。任何数据造假和作弊行为都将被视为严重违反平台规定，并导致被永久剥夺获得种草赏金的资格。

5. 发布违反法律法规及平台规定的动态

这包括但不限于发布虚假信息、诽谤、辱骂、色情、暴力等违法违规动态。得物将严格遵守国家法律法规和平台规定，对违法违规行为进行严肃处理，维护平台的健康发展和用户权益，违反者将被永久剥夺获得种草赏金的资格。

9.1.2 如何快速获得种草赏金

要想快速获得种草赏金，就要确保你创作的动态与得物上的在售商品紧密相关。只有当你的动态能够精准地指向某个商品时，你才能够为其挂上相应的商品链接，从而引导用户进行购买，获得赏金。

那么，在准备拍摄和创作动态之前，如何准确地判断可以挂哪些商品链接，不可以挂哪些商品链接呢？得物为你提供了一个非常实用的功能——拍照搜商品。

具体操作步骤：打开得物 App，点击下方工具栏上的"购买"选项，再点击上方的拍照按钮，进入拍照页面，点击照相机，即可实现拍照搜商品的操作，如图 9-1 所示。

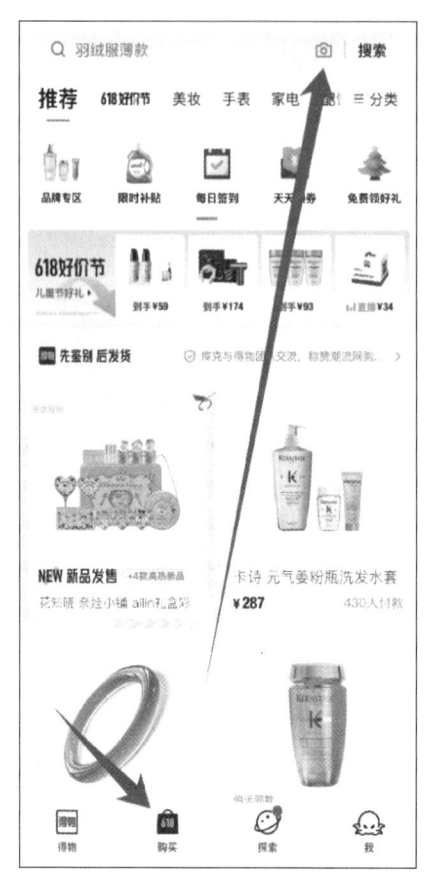

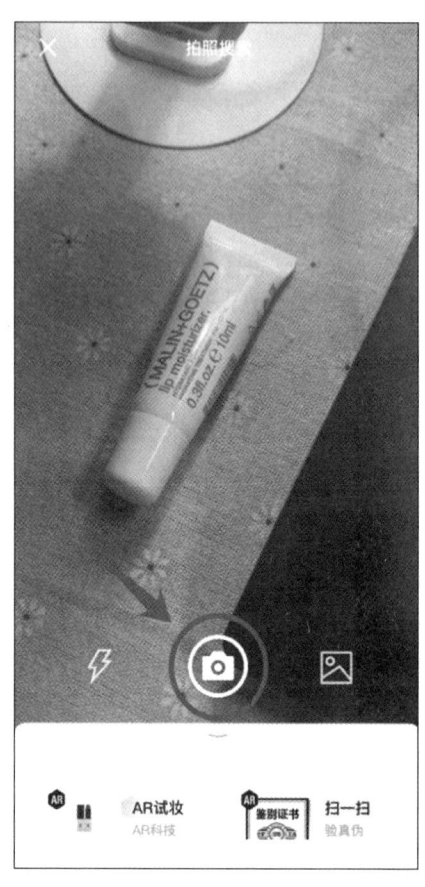

（1） （2）

图 9-1

如果系统中存在与你拍摄的商品相匹配的在售商品，就会迅速地弹出该商品的详细信息，包括价格、商品介绍等。此时，你就可以放心地围绕这个商品展开创作，并在动态中为其挂上准确的商品链接。

值得注意的是，并非所有通过拍照搜索弹出的商品都适合直接挂商品链接。有时，虽然系统能够识别出类似的商品图片，但可能由于库存不足或其他原因，该商品已经下架或无法购买。因此，在决定为某款商品创作动态时，不妨多查看一下该商品的详情页面,确保它不仅存在于平台上,而且处于可购买的状态,这样你的努力才不会白费。

你要会选品,这是每个希望在得物上获得成功的创作者都必须掌握的技能。选品不仅关乎你发布的动态的吸引力,还直接影响你获得的种草赏金。以下是一些实用的选品方法。

1. 紧跟流行趋势

时尚是一个快速变化的领域,了解当前的流行趋势和元素至关重要,你可以观察社交媒体平台、时尚博客、行业报告等,掌握流行趋势的脉搏,并选择与之相符的商品进行推广。只要发布的动态与用户的兴趣保持一致,就能吸引更多的用户关注和购买。

2. 深入了解目标用户

你的动态是为用户创作的,因此了解他们的需求和偏好至关重要。通过分析用户的购买记录、浏览行为、评价等,你可以深入地了解他们的需求和兴趣,选择符合用户需求的商品,提高动态的针对性和吸引力,从而增加购买的转化率。

3. 关注商品的品牌和品质

在选品时,要优先选择具有良好口碑和有品质保证的商品,这样的商品不仅能够增加用户的信任度,还能增加购买的转化率。

4. 采用差异化选品策略

在众多的商品中,选择那些与众不同、具有独特卖点的商品,能够让你的动态脱颖而出。这样的商品能够吸引用户的关注,激发他们的购买欲望。你可以从商品的设计、功能、用途等方面寻找差异化点,为用户提供全新的购物体验。

9.2 评价有礼

得物为了鼓励用户真实体验并分享商品的使用感受,设定了一种机制,即要求用户在真实购买并收到商品后,在规定的时间内对购买的商品进行评价,即可获得相应的奖励,如图 9-2 所示。

图 9-2

得物通常会给用户一定的奖励。这些奖励可能是优惠券,也可能是现金,具体形式根据平台的规则而定。这样的机制旨在激发用户的参与热情,也保证了评价的真实性和可靠性。

在撰写评价时,得物往往要求尽量简洁,一般只需要两张图片和 30 个字左右的文字描述即可。这两张图片可以是商品的实物图,也可以是使用过程中的场景图,旨在直观地展示商品的特点和使用效果。

另外,得物有时会与一些知名品牌合作。这些品牌可能会邀请用户进行拍单并撰写评价。这让用户不仅可以以优惠的价格购买到心仪的商品,而且能顺手为品牌做出贡献，还能够展示自己的购物心得和品位。

评价是用户在得物上的一种重要动态，会展示在用户的个人动态信息中。因此，在撰写评价时，用户需要认真对待，确保评价真实、客观、有参考价值。这既是对自己购买行为负责，也是对其他用户的尊重，还能树立自己账号的专业形象。通过精心撰写的评价，用户可以分享购物心得，帮助更多人做出明智的购物决策。

9.3 视频激励

9.3.1 什么是视频激励

在当今的互联网时代，无论是社交媒体平台、电商平台还是内容创作平台，视频都占据了举足轻重的地位。这是因为视频有直观、生动、信息丰富的特点，能够迅速吸引用户的注意力，提高内容的传播效率和用户参与度。很多平台都意识到了这一点，纷纷加大了对视频的扶持力度。

以小红书为例，小红书最初以图文笔记为主，但随着视频的兴起，小红书积极调整策略，大力推广视频。如今，用户在小红书上浏览视频已成为常态，小红书上的视频创作者获得了更多的关注和支持。

同样，在得物这个专注于潮流购物的平台上，视频也受到了极高的重视。得物为了鼓励创作者创作更多优质的视频，甚至推出了一项独特的政策——视频激励。这项政策的核心是，创作者发布的视频动态会根据其阅读量产生相应的现金收益或其他奖励，一般以优惠券或流量券居多，如图9-3所示。

这种奖励机制与公众号中的广告收益机制有些类似。不同的是，在得物上，你不需要在视频中插入任何广告，只需要专注于创作优质的视频，就能获得相应的收益。

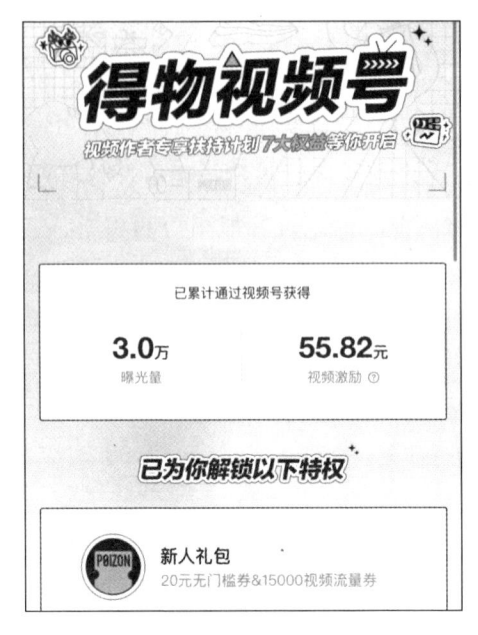

图 9-3

随着视频阅读量的增加，你得到的奖励会不断累积。这些奖励可能包括无门槛券、流量券等，用于在得物上购物或推广自己的动态。同时，你也有可能获得现金收益，直接将你的动态转化为实际的收益。

9.3.2 开通条件

在得物上，视频号并不是一开始就自动开通的。要想获得这个开通权限并享受相应的激励政策，你需要满足一定的条件，并通过视频号入驻申请。以下是开通视频号需要满足的具体要求，如图 9-4 所示。

（1）创作者等级需要达到或超过 1 级。

（2）需要发布至少 5 条时长超过 20 秒的视频。

（3）视频的总阅读量需要超过 1000 次。

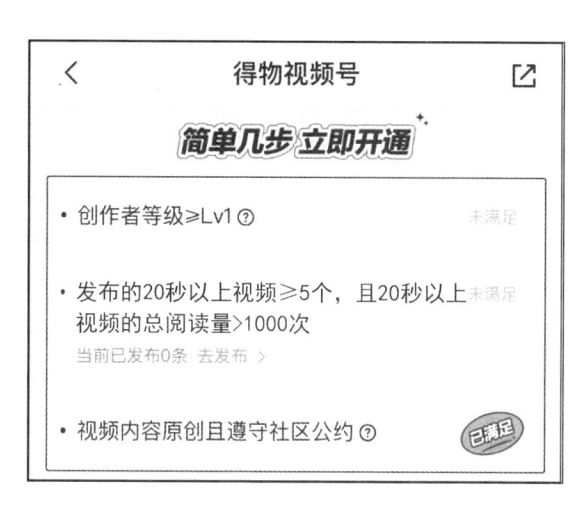

第 9 章　得物的 5 种变现方式和能快速得到好结果的几个领域

图 9-4

如果你新注册账号，想要快速获得现金收益，那么需要努力提高自己的创作者等级。在得物上，创作者等级与用户的活跃度和贡献度密切相关。要想升级到 L2 等级，就需要发布一定数量的动态，包括图文、视频等多种形式的动态。当然，如果你能够迅速积累到 100 个粉丝，那么你的等级将直接跃升至 L4，可以享受更多的权限。

得物鼓励用户保持适当的发布频率，每日发布 1~3 篇动态是较为理想的，这样既能保证动态的质量和多样性，又不会因过度发布而导致推荐受限。因此，在可操作的范围内，创作者应该尽可能多地发布动态，但需要注意保持动态的质量和独特性。通过坚持高质量的创作和频繁的互动，用户可以更快地提高创作者等级，获得更多的曝光和收益。

9.4　引力平台

得物作为一个集合了众多时尚潮流品牌和用户的综合性电商平台，其独特的商业合作模式被统称为"引力平台"。这个平台不仅为品牌方和博主提供了广阔的合作空间，还通过精细化的分类，确保了双方能够更精准地找到适合自己的合作伙伴。

引力平台的核心合作模式之一是"投稿任务"。顾名思义，投稿任务是指品牌方在平台上发布广告合作信息，向广大博主发出邀请，邀请他们报名参与。

除了投稿任务，引力平台还提供了"定向任务"这个合作模式。定向任务是品牌方直接通过平台后台下单，指定与某一博主进行合作的模式。

本节将介绍如何开通投稿/定向任务和如何获得更多的报名方式，帮助你更高效地利用得物的引力平台，实现快速变现。

9.4.1 如何开通投稿任务

要想在得物上开通投稿任务，通常需要满足一些基本条件，这些条件往往是得物为了维护其生态平衡和用户体验而设立的。

首先，对粉丝数有硬性规定。这是得物为了确保创作者具有一定的影响力和传播力而设定的，只有当粉丝数达到 100 个时，才有获得开通特定功能或权限的资格。

为了确保申请顺利，我通常建议我的学员在粉丝数达到 110 个时再进行申请。这是因为虽然得物要求的是达到 100 个粉丝，但在人工审核过程中，可能会存在粉丝数的小幅波动。假如你恰好在 100 个粉丝的临界点上，在审核时如果粉丝数有所下降，就可能导致申请被驳回。

申请被驳回后需要等待 15 天才可以再次申请，为了避免出现这种情况，建议你在粉丝数稍高于要求时进行申请。

其次，虽然得物对动态数量没有明确要求，但是在实际操作中动态数量是一个不容忽视的因素。根据我带学员的经验，有的人在尝试开通投稿任务时，因为动态数量未达到 10 条而被驳回，在被驳回后，同样需要等待 15 天才可以再次申请。

在申请时，还需要注意以下细节问题。

（1）尽量在工作日的中午之前提交申请，在通常的情况下，这样的申请会在当天得到处理。

（2）避免在周末提交申请，因为可能会导致申请被延迟处理，如果这时粉丝数小于 100 个，那么同样会导致申请被驳回。

开通的流程是什么呢？

当账号的粉丝数达到 100 个时，得物会自动弹出一条开通信息，如图 9-5 所示，先让你自检是否满足前面提到的条件，如果满足条件，那么你就可以点击这条信息，按照要求一步步操作。

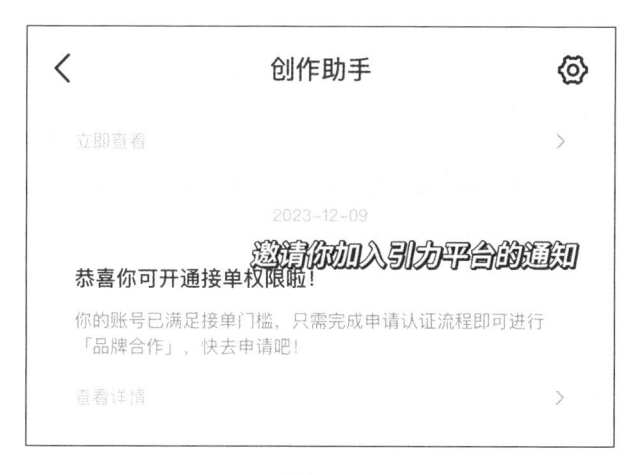

图 9-5

暂时不满足条件的，可以先忽略该信息，在后续满足后，再按照要求一步步操作。除了这个方式，还可以点击创作中心中的"品牌合作"选项开通，如图 9-6 所示。

图 9-6

对于刚开通投稿任务的账号来说，平台的报名次数是有限制的，那么该如何获得更多的报名次数呢？

9.4.2 如何获得更多的报名次数

得物对达人的等级进行了细致的划分，这不仅是为了确保平台的生态平衡，而且是为了给每一位创作者提供一个公平、公正的发展空间。目前，得物对可以接单的达人设置了 6 个等级，分别为新星达人、星光达人、星辉达人、星辰达人、星斗达人及引星达人，如图 9-7 所示。

每个等级都代表了不同的影响力和专业度。新星达人和星光达人作为初入平台的创作者，他们的报名次数相对较少，但得物也给予了充分的支持和鼓励，一旦他们因某种原因报名没有通过或任务被取消，得物就会返还相应的报名次数，让他们有更多的机会尝试和成长。不同的等级对应的报名次数和权益如图 9-8 所示。

第9章 得物的5种变现方式和能快速得到好结果的几个领域

等级名称	等级要求
新星达人	近30天入驻的引力达人
星光达人	入驻超过30天的引力达人
星辉达人	【非商单活跃度】近30天发布1篇阅读量≥100次的非商单动态
	【商单活跃度】近30天发布1篇通过商家验收的商单动态
	【商单效果】近30天超半数商单阅读量≥50次或商卡点击量≥20次
星辰达人	【非商单活跃度】近30天发布2篇阅读量≥100次的非商单动态
	【商单活跃度】近30天发布1篇通过商家验收的商单动态
	【任务抢先报】任务抢先报:在品牌合作中,享有部分优质投稿任务优先报名机会
	【商单效果】近30天超半数商单阅读量≥150次或商卡点击量≥50次
	【粉丝量】粉丝量≥100个
星斗达人	【非商单活跃度】近30天发布3篇阅读量≥100次的非商单动态
	【商单活跃度】近30天发布1篇通过商家验收的商单动态
	【商单效果】近30天超半数商单阅读量≥500次或商卡点击量≥100次
	【粉丝量】粉丝量≥1000个
引星达人	自主报名申请并审核通过
	(仅面向星斗达人开放申请入口)

图 9-7

等级	权益介绍
新星达人	【接单次数】在权益有效期内,享有5次投稿任务报名次数。每次报名消耗1次投稿任务报名次数,报名失败或任务取消,就返还次数
星光达人	【接单次数】在权益有效期内,享有10次投稿任务报名次数。每次报名消耗1次投稿任务报名次数,报名失败或任务取消,就返还次数
星辉达人	【接单次数】在权益有效期内,享有200次投稿任务报名次数
星辰达人	【接单次数】在权益有效期内,享有200次投稿任务报名次数
	【任务抢先报】任务抢先报:在品牌合作中,享有部分优质投稿任务优先报名机会
	【优先展示】在投稿任务报名后,平台将在商家选人页面中优先展示部分达人
星斗达人	【接单次数】在权益有效期内,享有200次投稿任务报名次数
	【任务抢先报】在品牌合作中,享有全部优质投稿任务优先报名机会
	【优先展示】在投稿任务报名后,平台将在商家选人页面中高优展示部分达人
	【广场曝光】在商家后台的达人广场模块,平台将提升优质达人展示权重,增加优质达人的曝光次数
引星达人	【接单次数】在权益有效期内,享有200次投稿任务报名次数
	【任务抢先报】在品牌合作中,享有全部优质投稿任务优先报名机会
	【优先展示】在投稿任务报名后,平台将在商家选人页面中最高优展示部分达人
	【广场曝光】在商家后台的达人广场模块,平台将提升优质达人展示权重,增加优质达人的曝光次数
	【服务费减免】平台服务费收取后每月通过激励形式返还,具体规则以引星计划详情页为准
	【流量助推】根据不同的商单类型提供流量激励,具体规则以引星计划详情页为准
	【专属服务】平台将为引星达人提供优质商机定向推荐、重点合作专人对接、账号内容指导等专属服务
	【活动特邀】引星达人见面会、官方策略共创会、官方商业化活动优先特邀引星达人参加

图 9-8

一旦达人升级到星辉达人等级以上，他们的接单次数就达到了 200 次。这是对他们的努力和才华的认可，也是对他们未来发展的期许。星辉达人、星辰达人、星斗达人和引星达人已经在得物上积累了大量的粉丝和影响力，他们发布的动态深受用户喜爱，因此有更多的机会参与品牌合作、推广活动等，从而实现商业价值。

得物通过这样的等级划分和接单机制，既为创作者提供了一条清晰的成长路径，也让他们能够根据自己的实际情况和发展目标规划自己的创作之路。

那么达人怎么才能多接单呢？

首先，不断提高自己的创作能力是关键。在得物上，以动态为王，只有创作出优质、有吸引力的动态，才能吸引更多的粉丝。因此，达人需要不断地学习和探索，提高自己的创作技巧和艺术修养，让自己的动态更出色。

其次，与粉丝保持良好的互动是非常重要的。得物非常重视用户之间的互动和交流，因此达人需要积极回复粉丝的评价和私信，与粉丝建立良好的关系。通过互动，达人可以更好地了解粉丝的需求和喜好，从而创作出更符合粉丝口味的动态，提高粉丝的忠诚度和黏性。

再次，参加得物的活动是增加接单次数的好方法。得物经常举办各种活动，如话题挑战、品牌合作等。达人可以积极参加这些活动，展示自己的才华和实力，吸引更多的品牌方和粉丝关注。通过参加活动，达人不仅可以获得更多的曝光机会，还可以与品牌方建立联系，为未来的合作打下基础。

最后，持续学习和成长是非常重要的。得物上的竞争非常激烈，只有不断地学习和成长，才能在众多达人中脱颖而出。达人可以关注行业动态和趋势，学习新的创作技巧和方法，不断地提高自己的专业素养和综合能力。

9.4.3 如何开通定向任务

在得物这个以品质与影响力为核心竞争力的平台上，开通定向任务对于每一位达人而言，无疑都是一个重要的里程碑。这个功能的开通不仅是对达人发布的动态的质量的认可，而且是对其影响力和传播能力的肯定。

要想开通这个功能，就需要满足一个基础但关键的条件——粉丝数必须达到500个。

与常见的投稿任务相比，定向任务的门槛显然更高。在投稿任务中，达人通常需要主动报名，然后等待品牌方筛选。这种方式虽然提供了更多的参与机会，但是效率和精准度相对较低。

要想开通定向任务，达人就需要进行一些必要的设置，其中最重要的是设置佣金。在填写佣金时，得物会提供一个最低金额的要求，该佣金会普遍高于投稿任务的合作佣金，以确保合作的公平性和合理性。

达人需要根据自身情况和市场需求，合理地设置佣金。同时，得物会提供相应的指导和建议，帮助达人更好地完成这个步骤。通过合理地设置佣金，达人不仅可以吸引更多的品牌方进行合作，还能确保在合作中获得应有的回报。

定向任务是一种更高效和更精准的合作模式。品牌方在寻找合作伙伴时，会根据自身的需求和目标进行严格的筛选与匹配，确保找到最符合需求的达人进行合作。因此，当品牌方选择你时，意味着你的动态的质量、影响力、与品牌的契合度都得到了高度认可。只要你的时间安排和商品选择符合品牌方的要求，这个合作就有可能顺利达成。

定向任务的魅力不仅在于其高效性，还在于其所能带来的丰厚回报。

设置定向任务的合作佣金一共有以下两种方式。

第一种方式如下：

回到个人主页，点击"我"选项回到个人后台，再点击账号的头像，进入个人主页，如图9-9所示。

在进入个人主页后，点击页面右上角的"编辑资料"按钮，如图9-10所示。

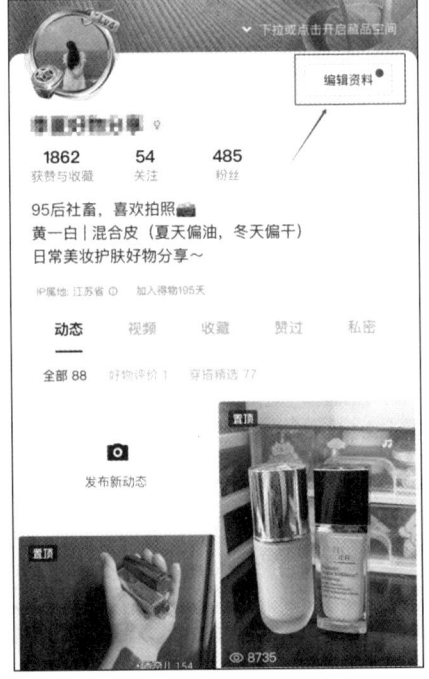

图9-9

图9-10

第 9 章　得物的 5 种变现方式和能快速得到好结果的几个领域

进入资料编辑页面，把页面拉到底部，即可设置合作佣金（合作报价），如图 9-11 所示。

第二种方式如下：

点击创作中心的"品牌合作"选项中的"查看更多"选项进入引力平台，如图 9-12 所示。

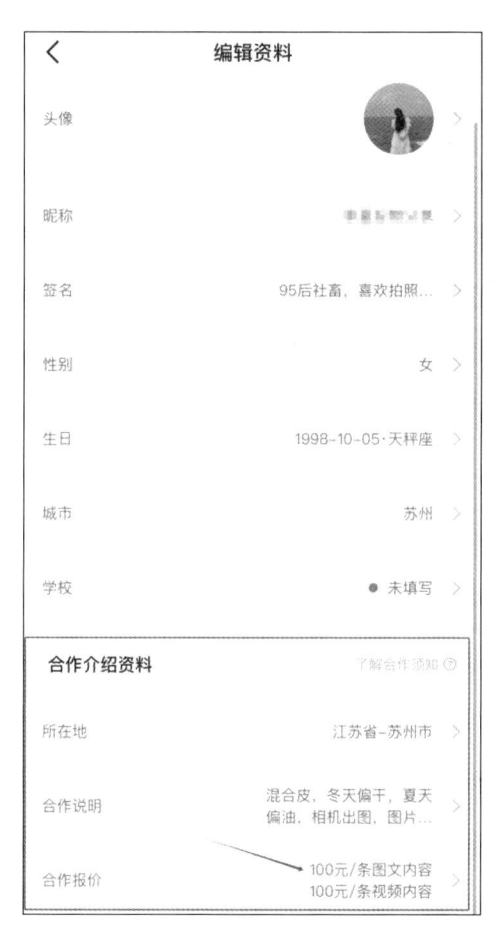

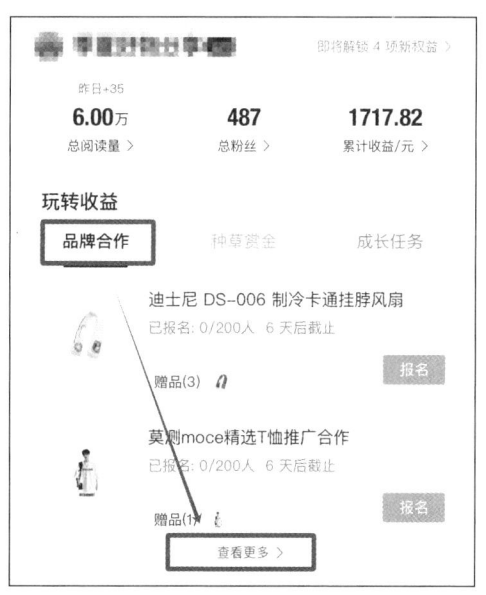

图 9-11

图 9-12

点击"我的"选项，进入引力平台的个人后台，如图9-13所示。

点击"合作报价"选项即可进入合作报价页面，如图9-14所示。

图 9-13

图 9-14

在该页面修改相应的报价信息即可，如图9-15所示。

第 9 章　得物的 5 种变现方式和能快速得到好结果的几个领域

图 9-15

9.5 得物评价官

9.5.1 什么是得物评价官

得物评价官是得物精心挑选的一群人，可能是某个领域的专家，也可能是对某个领域有着浓厚兴趣和丰富经验的资深爱好者，如图 9-16 所示。他们不仅具备扎实的专业知识，还愿意通过评价的方式，将自己的见解和经验分享给更多的用户，帮助他们做出更明智的购物决策。

在成为得物评价官后，可以获得平台提供的免单机会，还能获得品牌方的约稿（图 9-17 中的"重金邀评"）。这种约稿的稿费一般都比较高。

要想成为得物评价官，需要具备一定的条件。

（1）需要有专业或职业身份背景。

（2）对评价工作充满热情。

（3）有良好的沟通能力和文字表达能力，能够清晰、准确地传达自己的观点和感受。

注：不一定要同时满足上述条件。

图 9-16

图 9-17

得物评价官需要通过自己的专业知识和实际体验，对商品进行全面评价。这些评价不仅可以帮助用户了解商品的优点和缺点，还可以为他们提供购买建议和使用技巧。

得物评价官的评价会被广泛传播和分享，从而增加其影响力和知名度。

9.5.2 如何快速成为得物评价官

在得物这个深受年轻人喜爱的购物平台上，得物评价官扮演着至关重要的角色。他们不仅是商品的鉴定者，还是用户购买决策的引路人。

目前，得物评价官覆盖了多个热门领域，包括篮球、跑步、羽毛球、户外、潮鞋、穿搭、美妆、家居等。本节以美妆领域为例，详细介绍一下申请成为得物美妆评价官的具体条件和流程。

1. 申请条件

要想申请成为得物美妆评价官，就需要满足以下条件：

（1）个人账号且无违规行为。

（2）完成实名认证且大于18岁。

（3）近12个月购买过超过3件美妆领域100元以上的商品。

（4）近3个月发布3条以上美妆领域的优质评价。

在满足上面的条件后，即可自行申请成为得物美妆评价官。你可以通过自己的评价下方有没有"好物评价小助手"的评价来判断写的是不是优质评价，如图9-18所示。

2. 申请流程

进入创作中心，点击"创作服务"选区中的"得物评价官"选项，如图9-19所示。

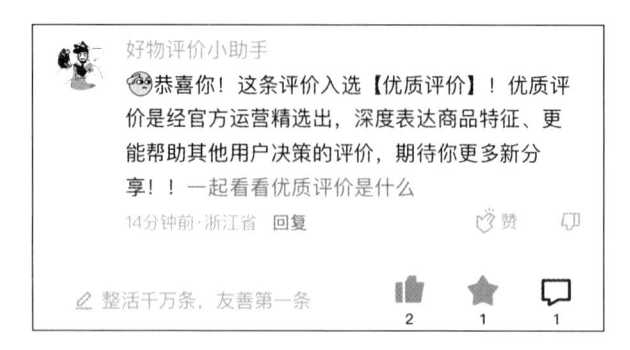

图 9-18

图 9-19

第 9 章　得物的 5 种变现方式和能快速得到好结果的几个领域

在打开的页面中点击"立即认证"按钮，选择自己符合的领域，点击"下一步"按钮，如图 9-20 所示。

（1）　　　　　　　　　　（2）

图 9-20

在这里可以再自查一下是否满足条件。当然，只有满足所有的条件，底部的"立即认证"按钮才会呈高亮显示，如图 9-21 所示。

勾选"我已阅读并同意《个人信息收集及使用授权协议》"复选框，点击"立即认证"按钮，即可完成认证操作。

（1） （2）

图 9-21

要想成为得物评价官有一个关键的操作，就是需要发布优质评价。那么该如何发布优质评价呢？

3. 发布优质评价的流程

打开得物 App，在搜索栏中搜索相应的商品，如图 9-22 所示。这里以我近期购买过的一个商品为例，点击"商品"选项，找到并点击要评价的商品，如图 9-23 所示。

第 9 章　得物的 5 种变现方式和能快速得到好结果的几个领域

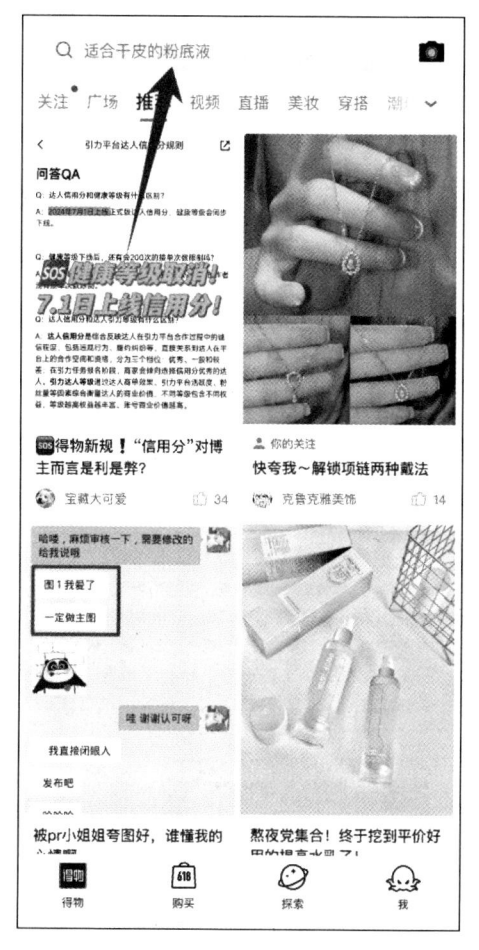

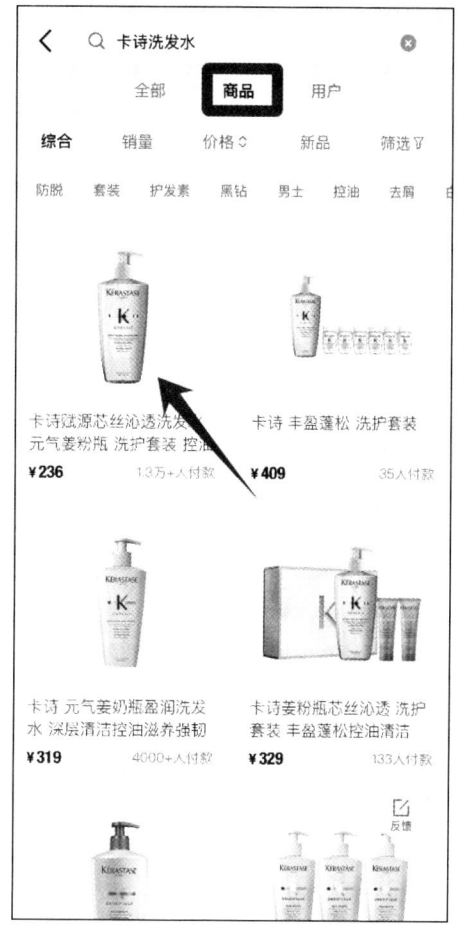

图 9-22

图 9-23

在点击相应的商品后，会出现"详情"页面，把页面下拉，可以找到"好物评价"，点击"去评价"链接，如图 9-24 所示。点击"评价"选项也可以直接找到"好物评价"，如图 9-25 所示。上传相应的图片及文案，即可发布评价。

得物评价官的评价和创作者发布的一般评价有一些相似之处，但有显著的区别。得物评价官的评价的重点不在于图片的精美摆拍，而在于展示商品的真实使用情况和使用痕迹，这种真实感更能打动用户。

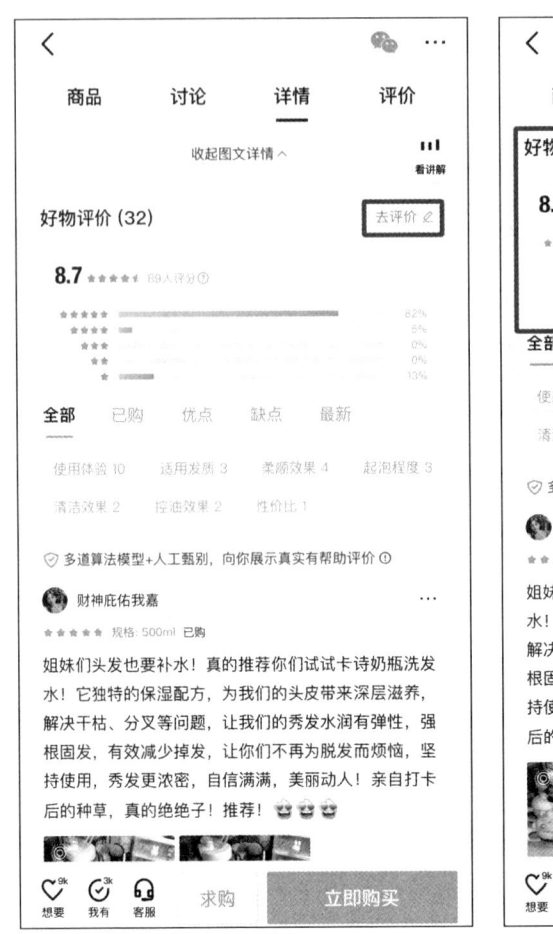

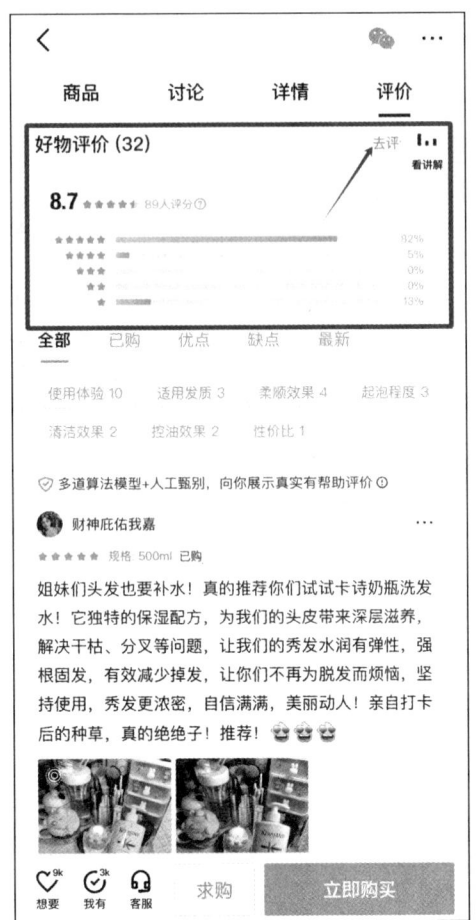

图 9-24　　　　　　　　　　　　　　　　图 9-25

　　以鞋为例，可以展示鞋在真实使用后的状态。鞋可以有一些污渍、带有生活的痕迹，而不是看起来全新未使用的样子。这种真实的展示可以帮助其他用户更好地理解鞋的耐用性和舒适度，进而做出更明智的购买决策。

　　以美妆为例，可以展示化妆品在日常使用中的效果，而不仅仅是完美的商品包装或摆拍。例如，展示化妆品在不同光线下的效果，或者使用一段时间后的状态，这些都可以增加评价的真实性和说服力。

得物评价官发布的优质评价需要比一般的评价更详细，具体表现为最好能提供 4 张以上的图片，全面展示商品的各个角度和使用细节、文案需要至少 400 个字。

这些详细的描述和丰富的图片可以帮助用户全面地了解商品，从而增加他们的信任感和购买欲望。

4. 评价有礼与得物评价官的区别

在得物上，评价有礼和得物评价官是两个不同但稍微有点互补的机制，它们在维护评价质量和提高用户购物体验方面有不同的作用。

得物评价官是得物精心挑选的用户，他们对特定的商品有深入了解和独到见解。成为得物评价官的用户需要在得物上有购买记录，但评价的商品可以不是自己购买过的，且他们必须对申请评价的领域有深入的了解和兴趣。评价有礼是得物推出的一项用户激励活动，用户只能对在得物上购买过的商品进行评价，评价有礼旨在鼓励用户在购买商品后分享购物心得和评价。

9.6 能够快速得到好结果的几个领域

入局得物以来，我一直专注于动态创作，并成功带领超过 200 个学员一起打造账号。这段经历让我发现了几个具有独特优势和特点的领域，能够让你的账号更快地取得显著成果。

本节将深入探讨这些在得物上能够快速得到好结果的领域。通过对这些领域的探索，你不仅能更好地理解得物的运作机制，还能找到在创作和运营中脱颖而出的有效策略。

9.6.1 美妆护肤领域

得物凭借其独特的用户群体特性，为美妆品牌和商品提供了一个充满活力与创新的展示舞台。

众所周知，得物的用户以年轻人为主，特别是"95后"占据了相当大的比例。这部分用户追求品质、注重个性化表达，且随着个人形象和肌肤健康在年轻人心中的地位不断提高，美妆护肤商品已成了日常消费的重要组成部分。

用户渴望通过合适的商品和护肤方式来展现自己的独特魅力，保持肌肤的年轻状态。作为创作者，你在捕捉到这个市场需求后，创作相应的动态，推广美妆护肤品牌或商品，就能够快速、有效地与潜在用户建立紧密的联系，从而实现粉丝增长。

得物的引力平台为美妆护肤领域的创作者提供了广阔的舞台。在这里，美妆护肤品牌的合作邀约络绎不绝，创作者可以通过与品牌方紧密合作，获取优质的商品资源和市场支持，从而更快地实现自己的创作价值和商业目标。

有了得物的支持，创作者不仅能展示最新、最受欢迎的美妆护肤商品，还能通过与品牌方的合作，获得更多的曝光和认可，最终在竞争激烈的市场中脱颖而出。

图9-26所示为我在得物引力平台上随手截的美妆护肤商品的合作信息。由此可见，这个类目的商业价值是非常高的。

我最初的账号便选择了美妆护肤领域，之所以选择这个领域，是因为一个简单而真实的理由：我是一个典型的"差生文具多"的人，对美妆护肤商品充满好奇，喜欢尝试各种新品，而且和朋友们在一起生活时，化妆品汇聚在一起，种类繁多，在后续创作中不愁没有商品可拍。

第 9 章　得物的 5 种变现方式和能快速得到好结果的几个领域

（1）　　　　　　　　　　（2）

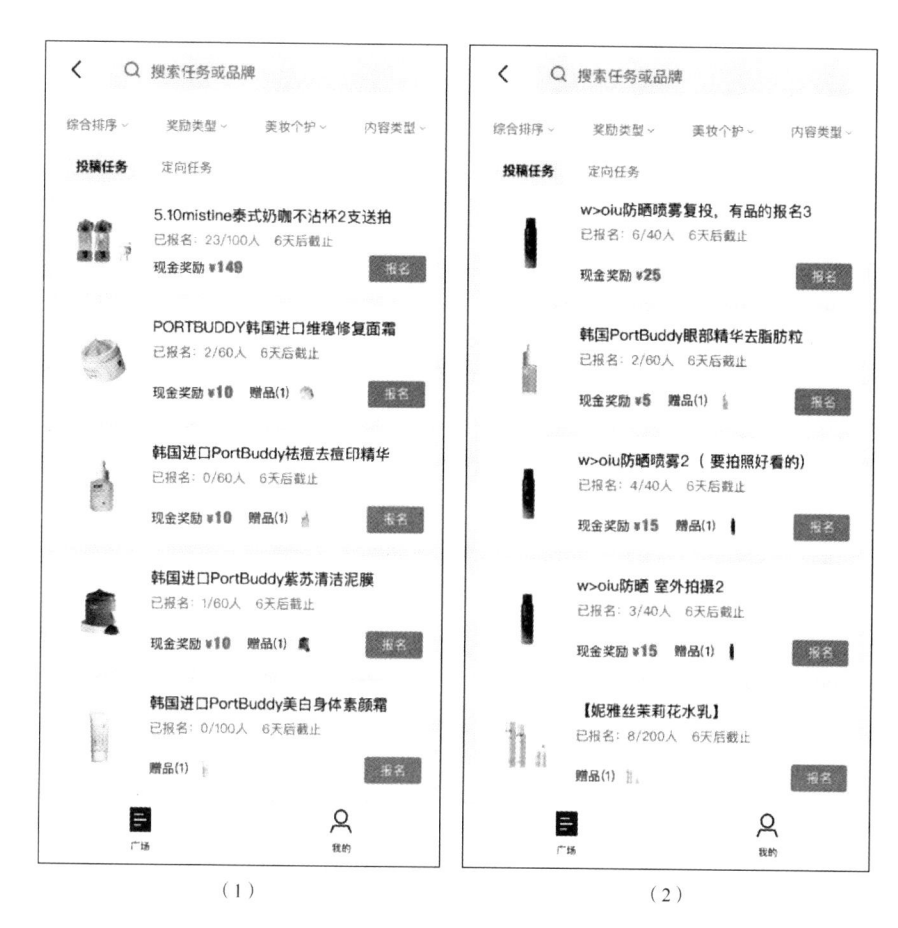

图 9-26

尽管在此之前我并未涉足过美妆博主的工作，但凭借对美妆护肤的热爱和对学习的渴望，我开始了探索之旅。

在刚开始时，我并没有学习专业的美妆护肤知识，只是记录并分享自己日常使用的真实感受，这为我积攒了第一批粉丝。我发布的第三篇动态竟然在短时间内获得了极高的关注度，带来了 70 多笔订单。

这让我惊喜不已，更坚信自己在美妆护肤领域有极大的潜力和价值。随后，我一边学习美妆护肤知识，一边努力创作高质量的动态。无论是进行商品测评、妆容分享还是发布护肤教程，我都力求真实、实用，将最真实的使用感受分享给粉丝。

通过坚持和努力，我逐渐赢得了粉丝的喜爱和信任，短短 20 天，粉丝数就突破了 100 个。这个成绩既是对我努力的肯定，也为我带来了更多的商业合作机会。

我随后开通了商业合作权限，开始与各大品牌方合作，把更多优质的美妆护肤商品推荐给粉丝。

在开通商业合作权限的第一个月，我几乎每天都要发广告。现在，在精力充沛的情况下，我每个月都能接到 20～30 个商业合作邀请，这充分证明了美妆护肤领域在得物上的受欢迎程度。

9.6.2 配饰领域

得物以其独特的魅力吸引了大量年轻用户，尤其是"90 后"和"00 后"。这些年轻人热爱生活，注重个性表达，对时尚有着敏锐的洞察力和强烈的追求。

在这样的背景下，配饰成为他们彰显个人风格、展现独特魅力的重要元素。他们对能够凸显自我、展现个性的配饰商品有着极大的需求。

得物以社区化的购物体验为特色，为用户打造了一个充满活力和创造力的社交平台。

年轻用户在这里不仅可以购买到新潮的配饰商品，还能分享自己的穿搭心得和配饰搭配技巧，与其他时尚爱好者交流互动，形成了浓厚的潮流氛围。

得物通过不断地引入新的时尚元素和潮流趋势，为年轻用户提供多元化、个性化的选择。配饰商家能够紧跟时尚潮流，快速推出符合市场需求的新商品，满足年轻用户对个性化表达的追求。

图 9-27 所示为我在得物上搜索到的一些配饰博主，他们的数据普遍都比较好。

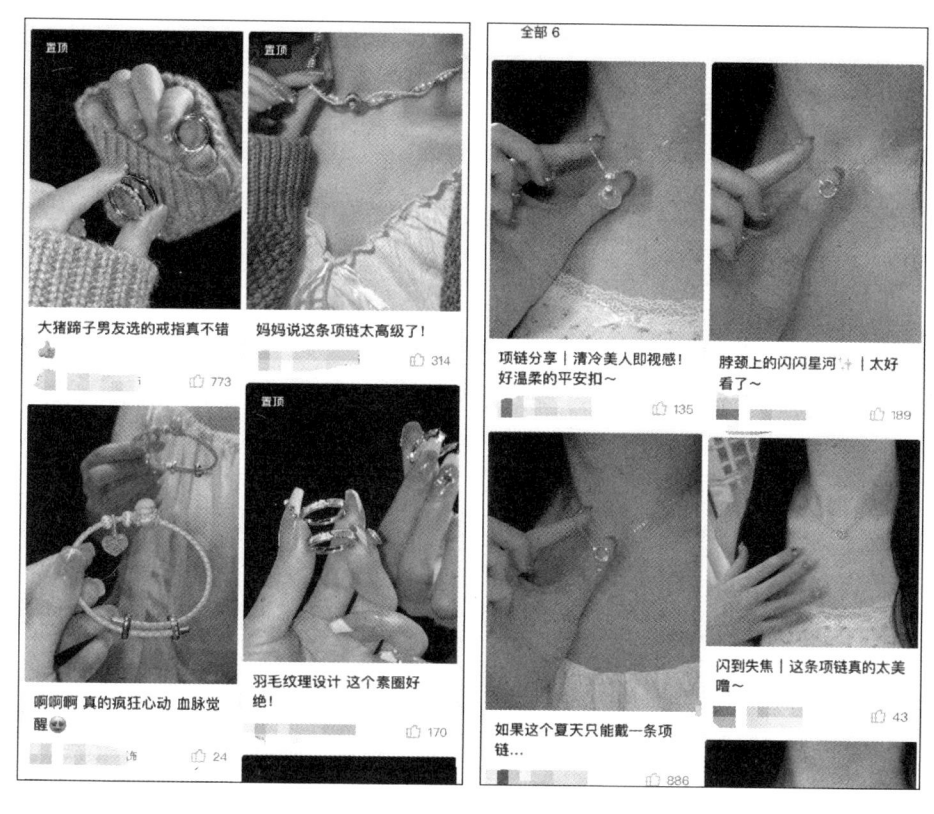

第 9 章　得物的 5 种变现方式和能快速得到好结果的几个领域

图 9-27

我见证了几位学员在配饰领域的成功。其中，有的学员刚刚开通商业合作权限，就在一个月内接到了 40 多个合作邀请，还有的学员利用课余时间拍摄一些图片，轻松地实现了销售额过万元，赚到了一个月的生活费。

这些成功案例充分证明了配饰领域在得物上的巨大发展潜力和商业价值。通过得物的支持，创作者不仅能迅速实现收入增长，还能在短时间内积累丰富的实战经验，提高自身的影响力。

9.6.3　鞋领域

先来解释一下，为什么这里单独提到鞋领域，而不是穿搭领域。

因为在得物的接单页面中，鞋和穿搭被明确地划分为两个独立的领域。这种分类不仅体现了得物对这两个领域的重视，而且为创作者提供了更明确的创作方向。

与穿搭相比，鞋类创作具有独特的优势。穿搭需要考虑整体的搭配，包括上衣、裤子、鞋等多个方面，拍摄难度相对较大，需要创作者具备较高的审美和搭配能力。

鞋类创作相对简单，只需要聚焦于鞋本身，通过精心拍摄和文案描述，即可吸引用户的目光。

这种创作方式不仅降低了创作门槛，而且使得作品更容易被用户接受和喜爱。

得物自创立之初便以鞋类商品为核心，经过多年的深耕与发展，已经汇聚了海量的鞋类爱好者。这些用户对鞋类商品有着近乎痴迷的热爱和追求，热衷于探讨鞋的设计、材质、工艺等，并乐于分享自己的鞋类收藏和穿搭心得。

因此，对于在鞋领域进行创作的创作者来说，他们可以直接面向一群志同道合的用户，更容易引起共鸣和关注。

另外，由于得物本身就是鞋类商品的聚集地，用户已经养成了在得物上浏览、购买、分享鞋类商品的习惯。这使得鞋类创作者的动态更容易被用户发现和浏览，增加了动态被曝光的机会。同时，用户在购买鞋类商品时，会关注与之相关的穿搭等动态，这为鞋类创作者提供了更多的创作灵感和素材。

得物对鞋类商品的重视也为创作者提供了更多的支持。得物不仅为鞋类商品提供了极大的展示空间，还通过推荐算法、专题活动等将优秀的鞋类动态推荐给更多的用户。得物对鞋类商品的重视和支持，使得鞋类创作者在得物上更容易获得认可和关注。

第 9 章　得物的 5 种变现方式和能快速得到好结果的几个领域

我有一个学员，他专注于在得物上进行鞋领域的创作。他定期更新作品，每次都能以简洁的图片和有力的文案展示鞋的独特魅力。在短短两个月内，他便获得了大量用户的关注，并获得了超过 2000 元的收益。图 9-28 所示为他的部分收益截图。这充分证明了在得物上，在鞋领域进行创作也是非常容易得到好结果的。

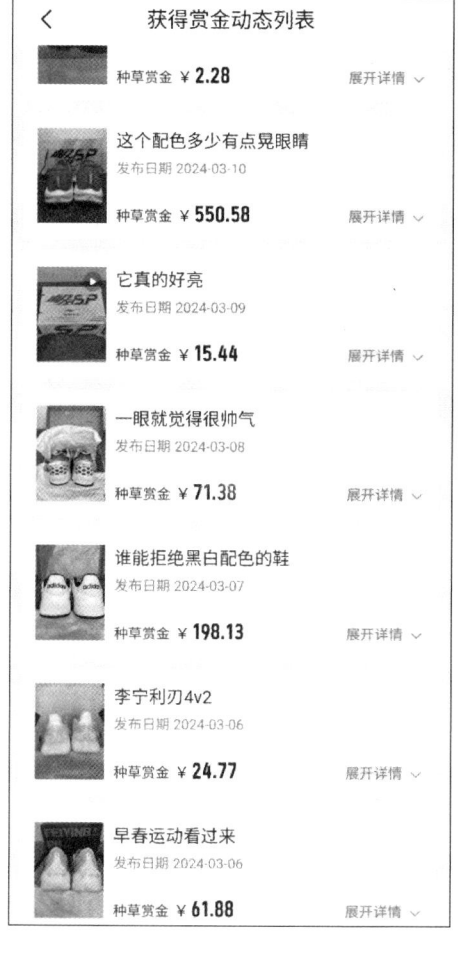

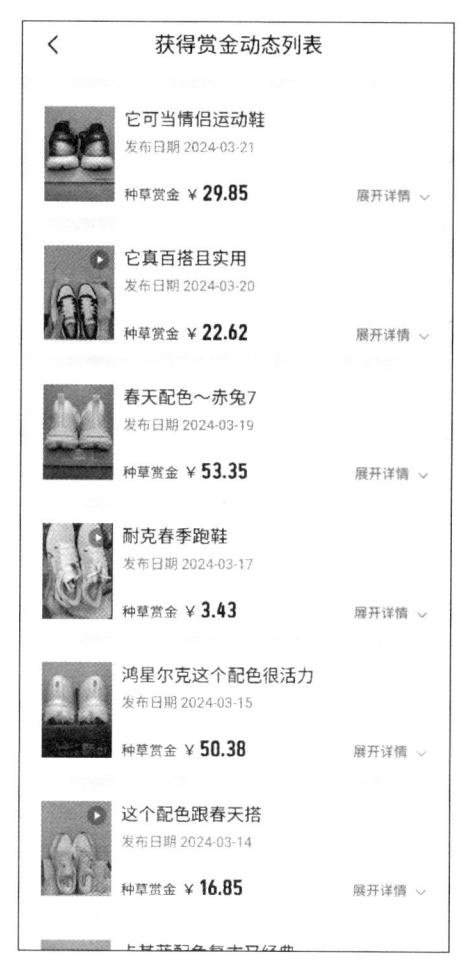

（1）　　　　　　　　　（2）

图 9-28

第10章 通过引力平台接单的注意事项

在得物上，所有的商业合作都需要通过引力平台进行，任何"水下"（私下接广告）行为都会受到比较严重的处罚且每月商单数量不应该超过总动态数量的35%。

除此之外，在开通商业合作权限后，还有许多需要注意的事情。本章将深入介绍在引力平台上接单时需要注意的事项，帮助你更好地理解得物的规则，规避潜在的风险，确保每一次合作都能顺利进行。

10.1 商业合作的流程及技巧

10.1.1 品牌合作的流程

第9章介绍了得物的商业合作分为两种，一个是投稿任务，另一个是定向任务。

那么这两种合作模式的流程有什么区别呢？

1. 投稿任务

投稿任务是一种开放式的合作模式。品牌方在得物上发布任务，所有符合条件的创作者都可以参与投稿。

投稿任务的流程如下：

（1）任务发布：品牌方在引力平台上发布具体的任务要求，明确任务主题、投稿要求、奖励机制等。

（2）创作者报名：符合条件的创作者可以在任务页面查看任务详情并报名参与。

（3）品牌方反选：投稿任务的品牌方一般会设置比较多的名额，在名额满后，会根据报名的名单进行反选。

（4）创作：报名成功后，创作者根据任务要求进行创作，并在规定的时间内完成投稿。

（5）作品审核：品牌方会对提交的作品进行审核，挑选符合要求的作品。

（6）奖励发放：审核通过的作品将获得相应的奖励，奖励形式可能包括现金、商品等。当然，品牌方会在发布动态前提供商品。

2. 定向任务

定向任务是一种邀请制的合作模式。品牌方会直接邀请特定的创作者合作，通常根据创作者的影响力、专业领域和过往发布的动态的质量来选择合作对象。

定向任务的流程如下：

（1）品牌方选择创作者：品牌方在引力平台上浏览创作者的信息，选择适合的创作者。

（2）定向邀请：品牌方向选定的创作者发出合作邀请，明确任务要求、合作内容和奖励方案。

（3）创作者接受邀请：创作者在收到邀请后，可以选择接受或拒绝合作邀请。

（4）创作：接受邀请的创作者按照任务要求进行创作，并在规定的时间内提交作品。

（5）作品审核：品牌方对提交的作品进行审核，确保作品符合任务要求。

（6）奖励发放：审核通过的作品将获得相应的奖励，定向任务的奖励通常更高。

总体来说，投稿任务和定向任务的合作流程差别不大。对于创作者而言，定向任务能带来的收益通常更大。这是因为定向任务通常针对特定的创作者，合作内容更明确，品牌方对作品质量和创作者的要求更高，因此提供的奖励更丰厚。

发布投稿任务和定向任务动态的步骤如下：

打开得物 App，点击"我"选项，进入个人后台。点击"创作中心"选项，进入创作后台。点击"品牌合作"选项的"查看更多"链接（如图 10-1 所示），进入引力平台，点击"我的"选项，就能看到自己的所有的待发布任务，如图 10-2 所示。

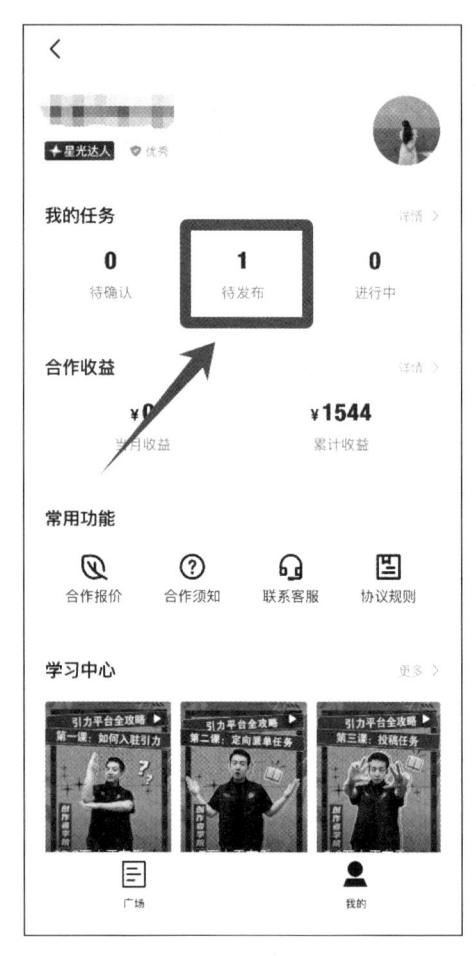

图 10-1

图 10-2

第 10 章　通过引力平台接单的注意事项

找到当前需要发布的任务，点击任务右侧的"去发布"按钮，打开相应的任务，再点击"去发布"按钮，如图 10-3 所示。

图 10-3

接下来就进入发布页面了，依然先选择图片，再输入文案，按照对应任务的要求发布即可，如图 10-4 所示。

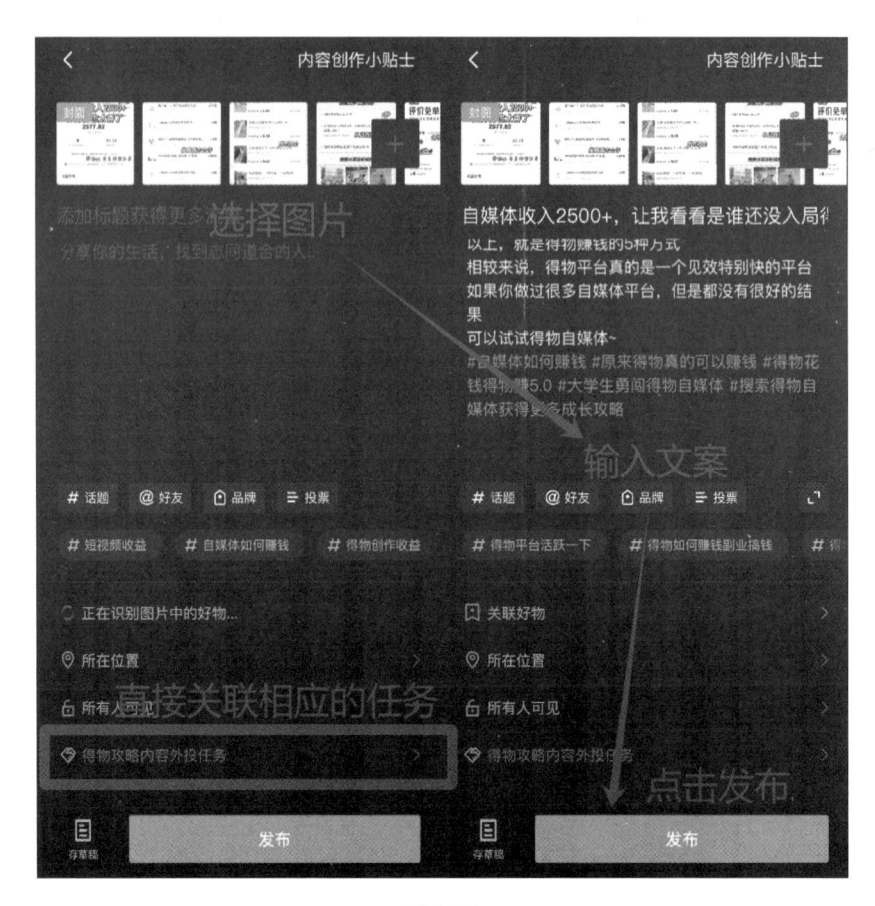

图 10-4

通过引力平台发布的任务，在发布页面都会直接关联相应的任务。作为创作者，在发布前可以以此为依据检查一下。

10.1.2 商业合作技巧

在进行商业合作时，有一些关键技巧可以帮助你成功地建立合作关系，并且让收益最大化。

1. 深入了解你的粉丝

一般来说，你可以通过数据（如得物提供的用户统计数据）来了解账号粉丝的兴趣、年龄、性别、地理位置等。

这些数据不仅可以帮助你更好地选择合作品牌方，还能让品牌方对你的合作价值有清晰的认识。具体来说，你可以利用得物后台的数据分析工具，查看你的粉丝数据，了解他们的消费习惯和兴趣偏好。通过分析这些数据，你可以发现哪些类型的商品最受欢迎、哪些时段的互动率最高，从而制定更有针对性的推广方案。

2. 精准地选择合作品牌方至关重要

得物上的用户对于潮流品牌和优质商品有较高的需求，因此你在选择合作品牌方时，应该优先考虑那些与得物用户匹配度高的品牌方。

可以通过得物上的品牌推荐、行业展会和论坛等渠道，发现潜在的合作品牌方，并与他们建立联系。在选择合作品牌方时，确保品牌形象和商品质量与得物用户的期望相符非常重要。作为创作者，你可以研究品牌的市场定位、用户评价和商品线，选择那些与得物用户的兴趣和需求一致的品牌方。

通过精准地选择和深度合作，你能更有效地满足用户的需求，同时提高自己的品牌影响力和商业收益。

3. 专业的沟通技巧非常重要

作为创作者，你可以提出详细的合作方案，包括内容形式、发布时间、推广渠道等。这样可以让品牌方对合作有清晰的预期，增加他们的信任和合作意愿。

一个成功的合作方案应该涵盖以下几个方面：明确合作目标和关键绩效指标（KPI），如预期的曝光量、互动率和销售转化率；详细描述你计划创作的内容类型，如图文、短视频、直播等，并说明这些内容将如何在得物上发布和推广；具体的时间安排，确保合作能够顺利进行并达到最佳效果。如果有必要，那么你可以展示过往的成功案例和数据，证明你有能力帮助品牌方实现其目标。

4. 维护形象是商业合作中不可忽视的一环

作为创作者，你需要保持诚实，提供真实的评价和反馈意见，增加用户的信任。你要确保推广的商品或服务质量可靠，以免影响你的声誉。

诚实和透明的沟通不仅能赢得用户的信任，还能建立长期的忠诚度。你可以通过详细的商品测评和真实的使用体验分享，让用户感受到你的专业性和真诚。

5. 通过创作有创意、有趣的动态来吸引用户的注意力，使合作更有效

例如，可以结合得物的特色，通过互动游戏、用户挑战、限时优惠等方式，增加动态的趣味性和用户的参与度。使用这些手段，不仅能提高推广效果，还能加强用户对品牌的好感和认同感，最终实现双赢。

6. 持续优化合作策略是保持竞争力的关键

你要定期收集品牌方和用户的反馈意见，分析合作效果，不断地改进和优化合作模式。同时，你要关注得物和行业的最新动态与趋势，不断地学习和提高自己的能力，使自己在合作中保持优势。

通过以上这些技巧，你可以在得物上更好地管理商业合作，增加账号的影响力和收益。

10.2 商业合作的注意事项

10.2.1 拆解 bf

"bf"是 brief 的缩写，是指在进行商业合作时，品牌方对创作者创作动态的要求。一般来说，bf 包括一系列详细的指导和期望，确保创作者能够理解品牌方的目标、核心信息和风格要求，从而创作出符合品牌形象和市场需求的动态。以下是 bf 中通常涵盖的一些关键要素。

首先，品牌方会在 bf 中明确合作目标和核心信息。合作目标可能包括提高品牌知名度、增加商品销售量、提升品牌形象等。

核心信息则是品牌方希望传达给用户的主要内容，例如商品的独特卖点、优惠信息或品牌理念。这些信息帮助创作者在动态中准确地传达品牌方的主要诉求，确保广告效果最大化。

其次，bf 中会详细说明内容的类型和风格要求。品牌方可能会指定内容的类型，如短视频、图文、直播等，并提供相关的风格指南，如品牌的色调、语言风格、视觉元素等。

这可以帮助创作者在创作中保持与品牌形象的一致性，从而增强品牌识别度和用户的认可感。

最后，bf 中还会包括具体的发布时间和推广渠道。品牌方通常会根据市场活动和促销计划，设定动态的发布时间和频率，并指定推广渠道，如社交媒体平台、电商网站或线下活动。

这样，创作者可以合理地安排创作和发布时间，确保动态能够在最佳时间段内触达目标用户。

另外，bf 中可能还会包含法律和合规要求。这些要求可能涉及广告法、知识产权、隐私政策等方面。创作者需要严格遵守这些规定，以避免法律风险和潜在的品牌危机。

例如，要确保使用的所有音乐、图片和视频素材都有合法的著作权，避免侵犯他人的知识产权。

bf 不仅为创作者提供了明确的创作方向和要求，还帮助品牌方确保动态的质量和一致性。

创作者在收到 bf 后，需要仔细研读并严格遵循，以便创作出符合品牌方要求的动态。同时，如果品牌方的一些要求与创作者日常的创作风格差异过大，那么创作者应该及时与品牌方进行沟通。

这种沟通有助于双方达成共识，避免误解和不必要的修改。创作者可以在沟通中表达自己的专业意见和建议，解释为什么某些创作方式更能吸引用户并达到品牌方的营销目标。这种双向沟通不仅能调整和优化创作方案，还能增加品牌方对创作者的信任和合作满意度。

通过有效的沟通，创作者可以尝试融合品牌方的需求和自己的独特风格，创作出既符合品牌方期望又保持个人特色的动态。这样不仅能提高合作效果，还能在用户中保持独特的个人品牌形象。

得物的商业合作 bf 通常不会很复杂，很多合作要求都会直接写在投稿任务报名的链接中。

在如图 10-5 所示的任务详情中，基本上已经将所有需要在合作过程中凸显出来的信息都表达得非常明确。然而，由于得物的一些限制，创作者看到的任务详情仅能用文字描述，并不能提供品牌方希望展示的图片风格作为参考。因此，很多品牌方会要求创作者加微信好友，以便通过微信再给创作者发送一份更详细的 bf。这种详细的 bf 通常会包含更多的视觉指导方案和具体的设计元素，帮助创作者更好地理解品牌方的视觉需求，从而在创作时能够准确地再现品牌的形象和风格，这些都是在任务详情中无法直接传达的信息。

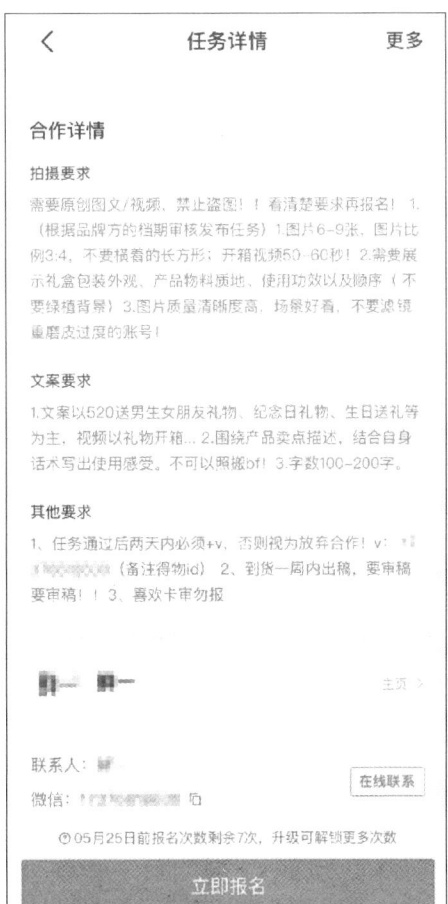

（1） （2）

图 10-5

图 10-6 所示为品牌方通过微信发给我的 bf。在这个 bf 中，品牌方不仅给出了一些常见的文案及对话题的要求，还给出了许多图片作为参考。这些图片展示了他们希望创作者采用的视觉风格、排版布局及色调等具体要求。

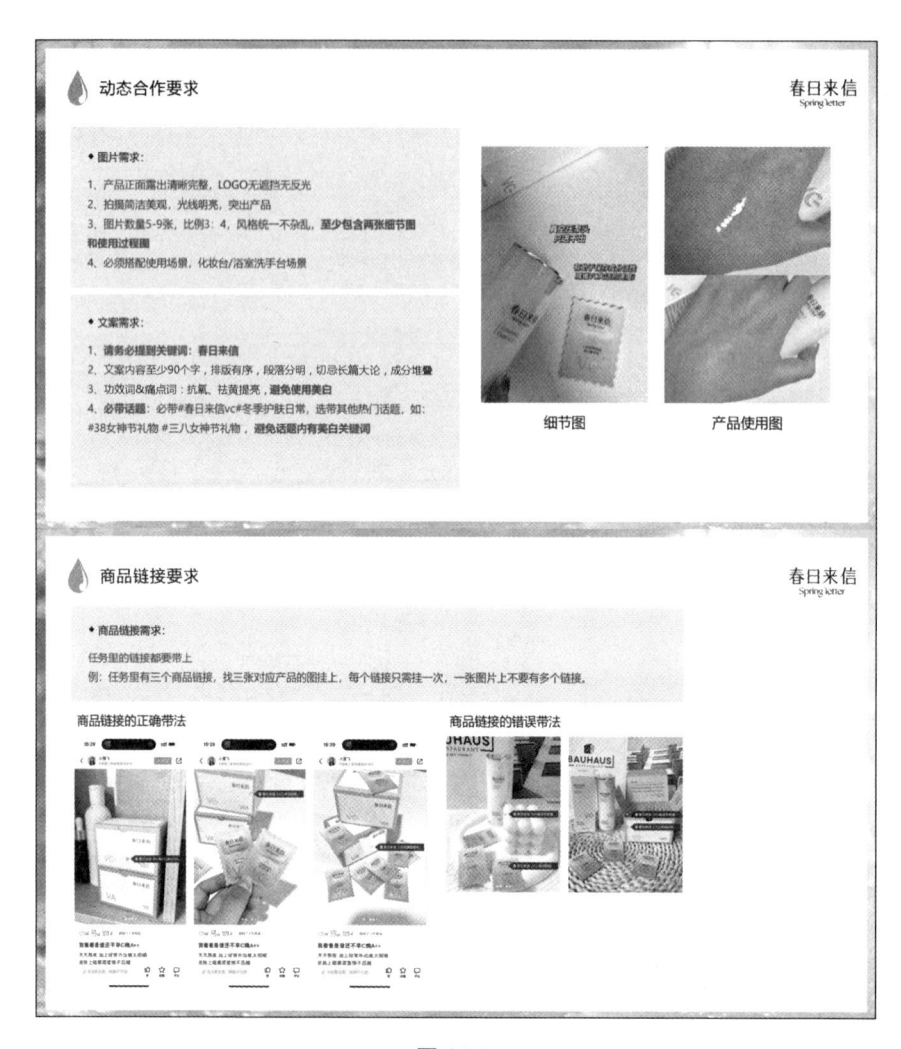

图 10-6

不仅如此，品牌方甚至还对每一个操作细节都进行了具体说明。

例如，品牌方详细解释了如何在动态中正确添加商品链接，包括链接的位置、展示方式及如何确保链接的可点击性和用户体验。

这些详细的操作指导不仅减少了创作者在技术细节上的困惑，还确保了最终呈现的动态能够最大限度地符合品牌方的营销目标和用户体验标准。

这种详尽的 bf 不仅体现了品牌方对合作质量的高度重视，而且显示了对创作者工作的尊重和支持。通过提供全面的视觉和操作指导，品牌方与创作者之间的合作变得更顺畅、更高效，从而提高了动态的质量和推广效果。

10.2.2 违规的合作模式——供稿直发

在得物的商业合作中，有一种违规的合作模式是供稿直发。顾名思义，供稿直发是指品牌方或合作伙伴直接提供动态让创作者发布，而不是由创作者自行创作或改编动态。

品牌方通过供稿直发，可以直接控制动态的质量和信息传达的精确性，避免创作者在理解和创作过程中可能出现的偏差。然而，尽管供稿直发在某些情况下具有显著的优势，却是得物严厉打击的一种合作模式。

供稿直发容易导致动态的同质化和过度商业化，进而影响用户体验和社区生态。用户更喜欢看到创作者原创且富有个人特色的动态，而不是千篇一律的商业稿件。如果供稿直发泛滥，那么不仅会降低用户的参与度和满意度，还会损害得物动态的多样性和创意性。

另外，供稿直发动态通常带有明显的商业目的，这可能会被用户视为广告，从而影响他们对得物和创作者的信任。为了维护平台的公正性和用户的信任，得物对供稿直发采取了严格的监管措施，对供稿直发动态进行严格审核，确保其符合社区准则和用户喜好，同时限制这种合作模式的数量和频率，以保持动态的原创性和多样性，如图10-7所示。

因为得物的严厉打击，所以很多品牌方并不会在引力平台上直接写明供稿直发的合作模式，故而会有很多创作者报名这类合作。在报名通过，与品牌方取得联系后，如果品牌方明确表示了这是供稿直发合作，那么创作者是可以直接拒绝的。

图 10-7

拒绝话术如下：

你好，之前报名时任务详情里没有写供稿直发，所以我报名了，但是我刚才了解了一下，得物是不允许供稿直发的，我的账号刚开通接单权限，不敢接这种比较危险的。不好意思，这个任务我不接了，麻烦你关闭一下任务。

在告知后，品牌方一般不会主动关闭任务，等到时间到了，系统直接关闭即可。

如果在不知道的情况下发布了供稿直发动态，之后收到了得物的警告，那么该如何弥补呢？

其实得物早就对此类事情做出了说明，如图 10-8 所示。

图 10-8

按照上述方式，直接向得物举报，就能获得得物的豁免权。

作为创作者，在品牌方没有写明供稿直发的情况下，如何在报名前甄别出哪些是供稿直发合作呢？我总结了以下几点。

1. 要求特别简单，佣金相对较高，要求加微信好友

如果你发现一个任务的要求极其简单，但佣金比其他同类任务高出不少，同时对方要求你加微信好友进一步沟通，那么这很有可能是供稿直发合作，如图 10-9 所示。

2. 在任务详情中写有类似"领取"的字样

在任务详情中写有类似"领取"的字样通常表明你只需要领取他们提供的动态并进行发布，这种表述方式通常是供稿直发合作的标志，如图 10-10 所示。

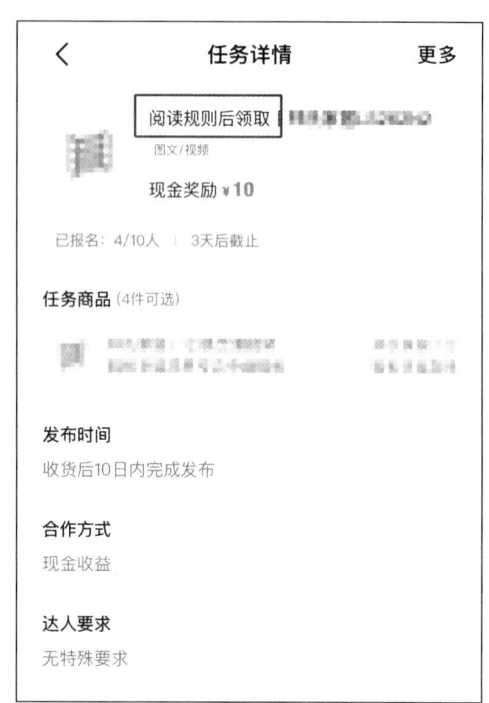

图 10-9

图 10-10

3. 在合作方式中注明现金收益的通常为供稿直发

如果在任务详情的合作方式中只出现了现金收益，那么这很可能是供稿直发合作。这种合作模式不涉及样品，所以不存在赠送商品或需要轮寄商品等情况。

4. 通过审核后立马就有发布倒计时

在任务通过审核后立即设置了发布倒计时通常是供稿直发的一个明显特征。因为供稿直发动态通常是预先准备好的，品牌方希望动态能够按计划快速发布，以达到及时宣传的效果，如图 10-11 所示。

（1） （2）

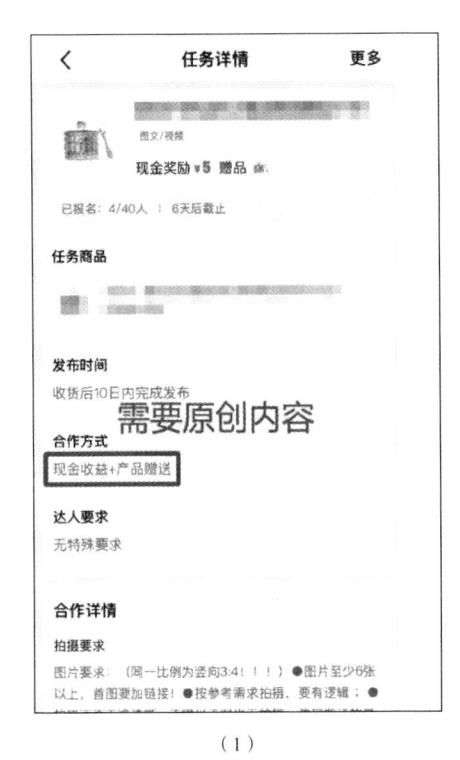

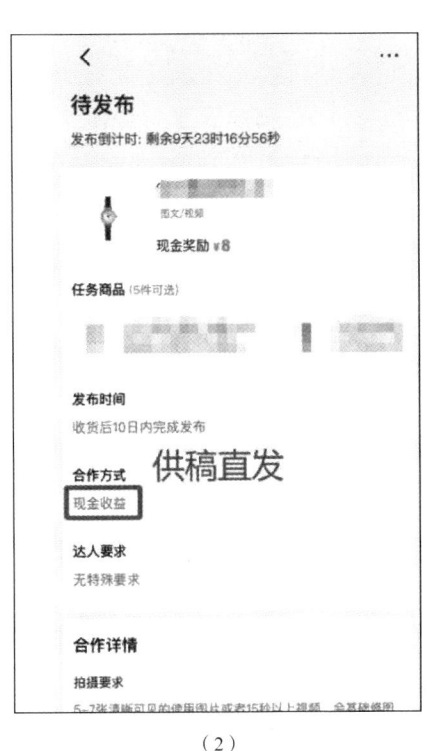

图 10-11

10.2.3 特殊的合作模式——拍单

在得物的商业合作中，拍单是一种特殊的合作模式。

具体来说，拍单合作的流程如下：品牌方预先确定合作商品，设置相应的合作佣金。拍单的费用通常会包含在合作佣金中。创作者自行在得物上购买指定的商品，进行拍摄和创作相关的动态。

在实际操作中，拍单合作需要注意以下几个关键点：

创作者需要准确计算佣金，特别是当合作佣金超过 100 元时。得物对所有超过 100 元的商业合作收取 5% 的手续费。

如果不事先计算清楚这部分费用，创作者就可能发现实际收到的佣金比预期的少，从而影响整体收益。例如，如果合作佣金为 200 元，得物扣除 10 元手续费，创作者实际收到的佣金为 190 元。在这种情况下，创作者需要确保拍单后的收益足以覆盖成本并获得合理的佣金。

10.2.4　常见的品牌合作问题答疑

为了更好地与品牌方沟通，我列举了一些在品牌合作时常见的问题。

1. 添加联系方式

Q（问题）：加品牌方微信好友后发什么内容？

A（答案）：得物引力平台的任务详情里一般会写加微信好友后发什么内容，在没有写的情况下，发自己的得物 ID。

Q：添加微信好友后如何破冰？

A：不用特意寒暄，如果任务详情里写了要发得物 ID，那么即使已经发过了，也可以再发一下。

Q：品牌方留的微信号无法添加好友怎么办？

A：在商单页中可以在线联系，可以给品牌方发信息，说明情况。参考话术如下：

你好，用任务详情中留的联系方式找不到你，麻烦看一下。

2. 商单审核

Q：品牌方在周末会审核吗？

A：一般工作日回复，除非周末加班，主要看当前的合作进度及品牌方的工作时间。

Q：合作通过后既没要求加微信好友审核，也没写在后台审核，可以直接发布吗？

A：是的，后台审核的意思就是品牌方会直接在得物后台审核，不一定要加微信好友，如果有问题，品牌方会通过引力平台退回给你，你再修改即可。

Q：品牌方审核通过了，但是提交后，平台审核不通过怎么办？

A：在一般情况下，这是因为动态比较生硬，你可以把情况截图，找到品牌方说明情况，之后再根据平台审核的提示进行修改。

部分品牌方可能会要求审核修改后的动态，再进行发布，如果品牌方没有说，那么可以直接在平台上修改。

Q：商单要求中的"展示精选"是什么意思？

A："展示精选"就是指你发布的动态在对应的商品下方的"开箱精选"中能出现（如图10-12所示），以及在你的主页的"穿搭精选"中能出现（如图10-13所示）。

穿搭精选未过审的常见原因如下：

（1）在动态中未挂商品链接。

（2）图片中展示的商品颜色、材质、包装等与挂的商品链接不符。

（3）拍摄背景杂乱，展示的商品主体不突出。

（4）图片的清晰度较差，光线昏暗。

（5）图片中的商品展示不完整。

（6）使用的创作素材涉及重复使用或涉及搬运他人的动态。

图 10-12　　　　　　　　　　　　图 10-13

3. 样品问题

Q：在合作方式中没写寄回，但在下方的要求里写需要寄回。

A：主要看在合作方式中有没有"寄回地址"链接，如图 10-14 所示。当然，还需要与品牌方沟通，但寄回的运费一般都是由品牌方支付的。

第 10 章 通过引力平台接单的注意事项

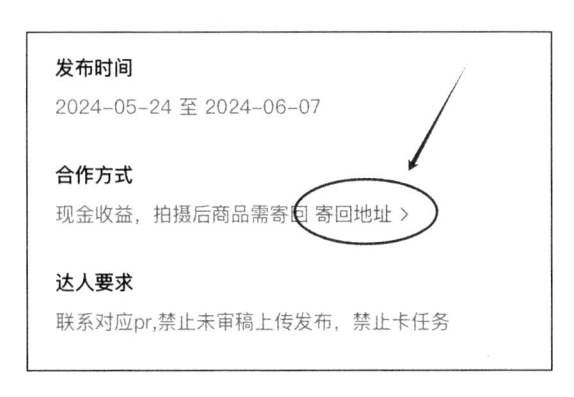

```
发布时间
2024-05-24 至 2024-06-07

合作方式
现金收益，拍摄后商品需寄回 寄回地址 >

达人要求
联系对应pr,禁止未审稿上传发布，禁止卡任务
```

图 10-14

Q：报名商单时的样品规格填什么？

A：可以填商品的大小、尺寸、颜色等，没有特殊要求可直接填无。

Q：拍完拍单商品后可以退货吗？

A：所有的拍单商品都不可以退货。

Q：在提交后，品牌方一直不验收怎么办？

A：即使品牌方不验收，平台也会在 7 天后自动验收。有的品牌方可能比较忙，一般会等平台自动验收，如你比较着急，那么可以直接询问品牌方原因。

以上是我开设的得物训练营中学员在商业合作时出现的次数比较多的问题和解决方案。在大部分情况下，你都可以直接使用这些解决方案。

其实，在与品牌方进行商业合作时，沟通的技巧至关重要，尤其在处理问题、管理预期和保持积极合作关系方面。下面列举沟通的一些关键点和策略。

（1）及时沟通是确保合作顺利进行的基础。

当你在项目中遇到问题或挑战时，不论问题大小，立即与品牌方沟通都至关重要。及时的信息传递既能让对方了解情况，也能在第一时间寻求他们的支持和建议，避免问题进一步恶化。

（2）在无法按时创作出动态或完成任务时，你应该提前说明。

无论是因为突发情况还是个人原因，未能按时交付都会影响合作项目的进展。因此，一旦感觉可能延误，就要尽早通知品牌方，并提供新的时间表和解决方案。这种主动的沟通方式既显示出你的责任心，也有助于对方调整他们的计划，减少负面影响。

（3）当品牌方对动态或项目提出合理的修改意见时，你应该积极配合。

无论修改意见是否符合你的预期，积极的态度和开放的心态都有助于建立良好的合作关系。你要认真聆听对方的意见，理解他们的需求和期望，并尽力按照要求进行调整。如果某些修改意见确实不可行，那么务必以专业的方式解释原因，并提出可行的替代方案。这种合作精神不仅能满足品牌方的需求，还能体现你的专业素养和合作态度。

与品牌方的沟通不仅是信息的传递，还是建立信任和合作关系的关键。在合作过程中，通过及时沟通、提前预警和积极配合，你不仅能确保项目顺利进行，还能为未来的合作打下坚实的基础。这样的沟通策略不仅能提高合作的效率和满意度，还能增加品牌方对你的信任和认可，从而实现双赢。

10.2.5 注意这些容易被封号的操作

在社交媒体平台上，封号是每个创作者都不愿意面对的情况。为了维护平台的社区环境和规则，社交媒体平台对某些操作有严格的规定。了解并避免这些容易被封号的操作，可以帮助你保持账号的安全和持续运营。

1. 避免发布违规内容是最基本的要求

不同的平台有不同的社区准则，但通常都包括禁止发布暴力内容、仇恨言论、色情内容和虚假信息等。发布这些内容不仅会影响你的账号的信誉，还可能导致被平台永久封号。因此，在发布任何内容之前，务必仔细阅读并遵守平台的社区准则，确保你的内容合规。

2. 过度营销和发布垃圾信息是高风险操作

虽然推广商品或服务是社交媒体平台的重要功能之一，但过度发布的广告和相同内容会被视为垃圾信息。平台通常会限制每天的发布次数和广告内容，违反这些限制可能会被限流，多次违反可能导致被封号。为了避免出现这种情况，你要保持适度的营销，要确保发布的每条信息都有价值，而不仅仅为了推广商品。

3. 滥用平台的互动功能，如评价、点赞和发私信，也可能导致被封号

在短时间内大量发布相同的评价或私信，或者频繁点赞，都会被平台判定为机器行为或恶意刷量。为了避免被误判为垃圾账号，务必保持自然的互动频率，避免在短时间内大量重复操作。

4. 刷粉和刷数据也是极其危险的操作

购买粉丝或使用虚假数据提高互动量可能在短期内让账号看起来更受欢迎，但这些行为往往会被平台检测到，并被视为违规操作。虚假的互动不仅会损害账号的信誉，还可能导致被封号。创作者与其依靠虚假的数据，不如专注于创作优质内容，吸引真实的粉丝和互动。

5. 盗用他人内容或侵犯著作权也是高风险操作

在创作过程中，尊重他人的知识产权非常重要。未经授权使用他人的图片、视频或文字内容，可能导致著作权纠纷和被封号。因此，在使用任何非原创内容时务必获得授权或使用公共领域的资源，避免著作权问题。

遵守平台规则，不仅能避免被封号，还能树立良好的社区形象，从而实现长期的发展和成功。通过了解并避免以上这些容易被封号的操作，可以有效地

保护自己的账号，确保账号在社交媒体平台上持续运营。

在内容创作的道路上，低质量内容无疑是一大绊脚石。它不仅损害了用户的阅读体验，还可能对内容生态造成负面影响。然而，除了低质量内容，还有一些行为可能导致被限流，这些行为值得你警惕。

（1）导流行为是平台重点监管的对象。如果创作者存在导流行为，比如将用户引导到微信、淘宝等其他平台，那么这种行为可能导致被限流，如果情况严重就会被封号。因为这种行为不仅违反了平台的规则，还可能损害用户的权益，导致用户流失。

（2）传播负面内容不可取。例如，引导男女对立、媚男媚女或展示绑架、打架等暴力场景的内容，都可能对用户造成负面影响，引发社会争议和不满。因此，平台会对这些内容进行严格的审核和限制，以确保内容积极和健康。

（3）恶搞和丑化人物形象的内容也不被平台所鼓励。这类内容往往追求搞笑，忽视了对他人的尊重。虽然在一些平台上这类内容可能获得了一定的关注和流量，但在得物上，这类内容是被坚决杜绝的。得物致力于打造一个高品质的内容生态，因此坚决杜绝这类营销号和低俗内容。

除了以上几种行为，频繁发布相似或重复的内容也可能导致被限流。在创作过程中，你应该注重内容的独特性和多样性，避免频繁发布相似或重复的内容。